铁路信号集中监测系统
原理及应用

张胜平　编　著

周文江　主　审

西南交通大学出版社

·成　都·

图书在版编目（ＣＩＰ）数据

铁路信号集中监测系统原理及应用/ 张胜平编著.
—成都：西南交通大学出版社，2013.8（2019.1 重印）
ISBN 978-7-5643-2409-4

Ⅰ．①铁… Ⅱ．①张… Ⅲ．①铁路信号 – 监测系统
Ⅳ．①U284.91

中国版本图书馆 CIP 数据核字（2013）第 141257 号

铁路信号集中监测系统原理及应用

张胜平　编著

责 任 编 辑	李芳芳
助 理 编 辑	宋彦博
封 面 设 计	墨创文化
出 版 发 行	西南交通大学出版社 （四川省成都市二环路北一段 111 号 西南交通大学创新大厦 21 楼）
发行部电话	028-87600564　028-87600533
邮 政 编 码	610031
网　　　 址	http://www.xnjdcbs.com
印　　　 刷	成都中永印务有限责任公司
成 品 尺 寸	185 mm × 260 mm
印　　　 张	10
字　　　 数	250 千字
版　　　 次	2013 年 8 月第 1 版
印　　　 次	2019 年 1 月第 3 次
书　　　 号	ISBN 978-7-5643-2409-4
定　　　 价	26.00 元

前　言

　　铁路信号集中监测系统（CSM，Centralized Signaling Monitoring system），其前身是铁路信号微机监测系统。它是保证行车安全、加强信号设备结合部管理、监测铁路信号设备运用质量的重要行车设备。铁路信号集中监测系统是铁路信号设备维护的综合监测平台，经过十多年的建设，已经在全国铁路五千多个车站开通使用，成为铁路信号维护人员现场分析设备故障、发现设备隐患和指导现场维修不可缺少的重要工具。

　　近年来，随着铁路信号设备的不断发展，原铁道部运输局组织有关专家对铁路信号集中监测的技术条件进行了几次补充修订，相继颁布了 2006 版和 2010 版技术条件，为铁路信号集中监测系统的持续发展奠定了基础。目前，铁路信号集中监测系统已经成为新建、改建车站必须同步装备的信号基础设备。铁道通信信号专业的高职院校学生和铁路运输相关专业技术人员必须熟练掌握铁路信号集中监测系统的知识和设备维护技能。

　　目前，专门介绍铁路信号集中监测系统的书籍极少，而适合作为高职院校铁道通信信号专业教学用的教材更是稀缺。为了满足高职院校铁道通信信号专业的教学需要，同时也为铁路运输相关专业技术人员和管理干部的学习提供参考，我们编写了这部教材。在编写过程中，我们多次深入铁路现场搜集资料、请教专家，以保证教材的内容紧跟铁路现场的技术发展。本教材力求重点突出、通俗易懂、理论联系实际，充分体现铁路现场应用的新知识、新技术、新设备、新标准，注重对学生职业能力的培养。

　　本书由辽宁铁道职业技术学院张胜平编著，由沈阳铁路局电务处周文江高级工程师主审。辽宁铁道职业技术学院王爽对书中部分插图进行了绘制。编写过程中，还得到了辽宁铁道职业技术学院有关领导、同事的支持，以及现场有关技术人员的帮助，在此表示感谢。

　　由于时间仓促、作者水平有限，书中难免有疏漏之处，恳请读者批评指正。

作　者

2013年7月

目　　录

第一章

监测系统概述及技术基础

铁路信号集中监测系统（CSM）的前身是铁路信号微机监测系统。它是保证行车安全、加强信号设备结合部管理、监测铁路信号设备运用质量的重要行车设备。铁路信号集中监测系统把传感器、现场总线、计算机网络通信、数据库及软件工程等现代最新技术融为一体，通过监测并记录信号设备的主要运行状态，为电务部门掌握设备的当前状态和进行事故分析提供科学依据。同时，系统还具有数据逻辑判断功能，当信号设备工作偏离预定界限或出现异常时，可以及时报警，避免因设备故障或违章操作影响列车的安全、正点运行。铁路信号集中监测系统是铁路装备现代化的重要组成部分。

第一节　监测系统发展概况

一、监测系统发展历程

（一）发展初期

1985 年，多家科研单位开始研制信号微机监测系统。由于当时技术、经济条件的限制，微机监测系统技术陈旧、采集精度不高、可靠性差、缺乏统一标准、很少联网，所以一直未能很好发展和利用。

1997 年，随着列车的提速，为了规范信号微机监测系统的上道管理，原铁道部科技司和电务局组织成立了由各研制单位组成的联合攻关组，研制了第一代 TJWX 型信号微机监测产品，并且在现场得以应用。正是第一代 TJWX 型信号微机监测设备在现场的应用，使原铁道部和各铁路局对信号微机监测的重要性有了新的认识。原铁道部领导在 2000 年初把信号微机监测系统列为保证铁路运输安全的首要措施，把信号微机监测系统称为电务系统的"黑匣子"，按行车安全设备对待。但是第一代微机监测系统难以满足这样的要求。

首先，第一代 TJWX 信号微机监测系统在现场的实际应用中，各个研制单位根据自身技术优势对该系统进行了不同程度的完善，开发出了形式各异、技术水平参差不齐的微机监测设备，从而造成了微机监测系统制式不一、标准各异、分散使用、不能联网的局面。这使得微机监测系统的作用大大降低。因此，开发出集各家之所长、统一制式、能够全路联网的新型微机监测系统显得尤为重要。

其次，"4·29""7·9""10·29"等事故给全路带来了重大损失和惨痛的教训，同时也给信号微机监测系统提出了新的课题。如何准确判断违章操作带来的事故隐患，从而防患于未然，是第一代产品未能解决的问题，也是新一代微机监测系统必备的功能。

（二）推广应用

2000 年，原铁道部汇集了各铁路局及专家的意见，对原《微机监测系统技术条件》提出了修改，进行第二次联合攻关，集中各研制单位的 20 多位技术专家，在 1997 年第一代微机监测系统的基础上，开发了新型的 TJWX-2000 型微机监测系统。TJWX-2000 型微机监测系统以新的技术条件为依据，坚持"五统一"的原则，即统一技术条件，统一软硬件结构，统一联网设备配置，统一采用部定点厂家生产的采集机和设备，统一组织工程实施。

随着大量铁路信号新设备的使用，TJWX-2000 型微机监测系统已不能满足实际需要。特别是实行铁路局直管站段体制和电务段生产力布局调整后，电务部门安全管理难度加大，迫切需要提高微机监测系统技术水平，充分发挥其在保证行车安全、加强信号设备结合部管理和信号设备运用状态管理、发现信号设备故障隐患、分析故障和指导维修方面的作用，以提高维护水平和效率，压缩电务故障延时。原铁道部于 2006 年 8 月发布《信号微机监测系统技术条件（暂行）》，对微机监测系统提出了更高的要求。由此，研制了 TJWX-2006 型微机监测系统。

（三）集中、智能化发展

随着高速铁路的快速发展，为适应电务系统对信号设备维护的更高要求，充分发挥监测系统在铁路信号设备维护工作方面的指导作用，加强监测系统数据分析，实现故障预警和故障诊断，推动监测系统向综合化、智能化、信息化方向发展，原铁道部运输局基础部会同科技司、鉴定中心于 2010 年 8 月 6 日~7 日在上海召开了《铁路信号集中监测系统技术条件》审查会，审查通过了《铁路信号集中监测系统技术条件》。

《铁路信号集中监测系统技术条件》对《信号微机监测系统技术条件》进行了完善，说明了铁路信号集中监测系统是信号微机监测系统的升级，明确了铁路信号集中监测系统作为信号设备的综合监测平台。其体系结构在原有的三级四层结构基础上，根据信号设备维修需要，强化了电务段子系统。同时，《铁路信号集中监测系统技术条件》规定了铁路信号集中监测系统应统一规划，统一实施，与联锁、闭塞、列控、TDCS/CTC 等系统同步设计、施工、调试、验收及开通。

随着科学技术的不断发展与进步，我国铁路及城市轨道交通现代化建设正朝着网络化、自动化、数字化、综合化和智能化（简称"五化"）的方向发展。为此，铁路信号集中监测系统正在向集设备监控、诊断与维护、生产决策和辅助运营管理等功能于一体的综合化、智能化信息平台发展，来提高整个铁路线路及轨道交通线路的运营和管理效率，设备和系统的使用效率和诊断维护能力，车站防灾、消灾监控和指挥决策能力。

二、发展监测系统的必要性

发展信号集中监测系统，是铁路运输生产的需要，是铁路信号技术自身发展的需要，是信号设备维修改革的需要。信号微机监测系统的发展，对于进一步提高信号设备的安全可靠性、强化结合部管理、改善和优化现场维修工作具有划时代的意义。

① 系统能全天候监测信号设备的运行状态，测定电气性能的偏离界限，及时发现故障隐患，使信号设备具有了自诊断功能，有效地避免因信号设备故障而产生的行车事故。

② 系统运用计算机技术，通过逻辑判断，有利于捕捉瞬间故障和间歇故障，有利于分析故障，分清责任。

③ 系统能够监督信号设备工作状态和变化趋势，是推行信号设备状态修的技术基础，为维修决策提供科学依据。

④ 系统通过联网，将各站信号设备运行信息传送到车间、电务段、铁路局、铁道部，便于指导维修工作，加强生产指挥，实现科学管理。

第二节　监测系统监测范围及基本要求

一、监测系统的监测范围

监测系统是信号设备的综合集中监测平台，其监测范围包括联锁、闭塞、列控、TDCS/CTC、驼峰、电源屏、计轴等信号系统和设备，同时还包括与防灾、环境监测等其他系统接口监测。

对于计算机联锁、列控中心、TDCS/CTC、智能电源屏、ZPW2000、有源应答器、计轴等具有自诊断功能的信号设备，其接口方式、信息内容、采集精度、实时性须符合《铁路信号集中监测系统技术条件》要求。监测系统通过数据接口获取所需的信息。监测系统预留与RBC、TSRS等系统接口。

二、监测系统的基本要求

为适应电务系统对信号设备维护的更高要求，充分发挥监测系统在铁路信号设备维护工作方面的指导作用，加强监测系统数据分析，实现故障预警和故障诊断，监测系统应符合以下基本要求。

① 对于新建铁路线路，监测系统应统一规划，统一实施，与联锁、闭塞、列控、TDCS/CTC、驼峰等系统同步设计、施工、调试、验收及开通。基建、大修、更改工程，必须同步装备监测系统。

② 监测系统应采用成熟可靠的技术手段，实现信号设备运用过程的动态实时监测、数据记录、统计分析。

③ 监测系统应能监测信号设备的主要电气特性和转辙设备机械特性，当偏离预定界限或不能正常工作时应及时预警或报警。监测系统应能及时记录监测对象的异常状况，具备预警分析和故障诊断功能。监测系统应能监督、记录信号设备与电力、车务、工务等结合部的有关状态。

④ 监测系统必须采用良好的隔离措施，不得影响被监测设备的正常工作。监测系统应具备抗电气化干扰能力，确保在电气化区段能正常工作。

⑤ 监测系统应采用模块化、网络化结构，可分散、集中设置，以适应不同站场的要求。监测系统应具有统一的人机界面，操作简单，易于维护，具备一定的自诊断功能。

⑥ 监测系统的采集传感器经过标准计量器具校核后，应保证 1 年内其各项测试精度指标满足《铁路信号集中监测系统技术条件》的要求。

⑦ 监测系统应采用统一接口、标准协议，能实现全路互联互通。监测系统网络应采用冗余技术、可靠性技术和网络安全技术，确保网络与信息安全。监测系统与其他专业系统信息交换时，应采用可靠的网络安全隔离技术，确保监测系统的网络安全。

⑧ 监测系统应具有统一的时钟校核功能，确保系统中各个节点的时钟统一。

第三节　监测系统相关技术基础

一、开关量与模拟量

开关量指只有两种状态，在时间上和数值上断续变化的物理量，如开关的导通和断开，继电器接点的闭合和断开，道岔的定位与反位。

模拟量指自然界大量出现的，在时间上和数值上均连续变化的物理量，如压力、重量、温度、密度、流量、转速、位移、电压、电流等。

对于控制系统来说，由于 CPU 的工作是基于二进制的，数据的每位有"0"和"1"两种状态，因此，开关量只要用 CPU 内部的一位即可表示，比如，用"0"表示开，用"1"表示关。而模拟量则根据精度，通常需要 8～16 位才能表示一个模拟量。最常见的模拟量是 12 位的，即精度为 2^{-12}，最高精度约为万分之二点五。在实际的控制系统中，模拟量的精度还要受 D/A 转换器和仪表的精度限制，通常不可能达到这么高。

二、电量隔离传感器

(一)电量隔离传感器的作用

传感器是一种检测装置，能感受被测量，并将其按一定规律变换成电信号或其他所需形式的信号输出，以满足信息的传输、处理、存储、显示、记录和控制等要求。它通常由敏感元件和转换元件组成，是实现自动检测和自动控制的首要环节。

电量隔离传感器是针对工程中的电量检测（监测），为提高系统的整体抗干扰能力而研制开发的一种小体积、高性能的电量测试部件（产品）。

电量隔离传感器可以对现场的大电流、高电压、功率、频率、相角、电度等电参量进行隔离测量和变换，也可以对各种微弱信号（如各种桥路信号）进行隔离放大和变换，将其调理后，变换成符合国际通用标准的电压、电流、频率等模拟信号或变换成数字量、开关量状态等信号输出。这些输出信号可以和传统的指针式仪表相接，也可与现代的数字式自控仪表、各种 A/D 转换器以及计算机系统直接配接，从而形成一个高可靠的工业检测（监测）或控制系统。

由于电量隔离传感器在实际应用中不需要用户做二次开发工作，高电压或大电流信号直接接入器件（通过端子、插针输入或穿孔方式输入），就可以得到相应的输出信号，因此，电量隔离传感器作为信号调理、隔离和变换功能模块，是工业控制和数据采集系统中比较理想的变送器产品。铁路信号集中监测系统中使用了大量电量隔离传感器，用来采集电信号。

（二）电量隔离传感器的工作原理

由于电量隔离传感器的检测对象主要是电流和电压信号，所以下面主要介绍电流和电压信号的检测原理。

1. 交流信号检测原理

交流信号又分为交流电压和交流电流信号。图 1.3.1 和图 1.3.2 所示分别为交流电流和交流电压信号的检测原理框图，由 CT 和 PT 对信号进行隔离。电流为穿孔输入方式，电压为端子接线输入方式。

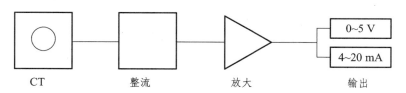

图 1.3.1　交流电流信号的检测原理框图

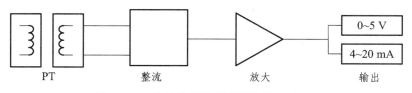

图 1.3.2　交流电压信号的检测原理框图

其中，CT 为传统的电流互感器，PT 为电压互感器，输出一般为 0 ~ 5 V 或 4 ~ 20 mA。

2. 直流信号检测原理

直流信号分为直流电压和直流电流信号。直流信号检测原理框图如图 1.3.3 所示。直流电流一般是通过电阻取样，直流电压一般用电阻降压处理，由一个隔离电源向前置放大器供电。

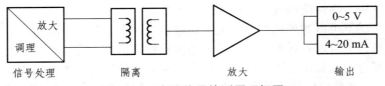

图 1.3.3　直流信号检测原理框图

由图 1.3.1 ~ 1.3.3 可以看出，不论是交流信号还是直流信号，输入与输出都是完全隔离的。一般情况下，现场输入信号都是大电流或高电压，这样电量隔离传感器就可以把现场信号与低压数据采集系统完全隔离，避免系统受到强信号的干扰，从而提高系统的可靠性。

（三）数字式电量隔离传感器

图 1.3.4 所示为一种交流信号数字式电量隔离传感器的结构框图，它由互感器、数据处理、接口、T/V 变换和输出等部分组成。

互感器有电流互感器和电压互感器两种。电流互感器一般为穿孔方式，电压互感器在其原边一般需要加限流电阻。

数据处理部分是数字式电量隔离传感器的核心，目前一般都选用带 A/D 转换器的单片机，电路简单，如 PIC16C74，MSP430 或 ADCUC812 等。如果选 ADUC812 单片机，则可以直接输出 0 ~ 5 V 电压信号，因为其内部包含有两个 12 位的 D/A 转换器。

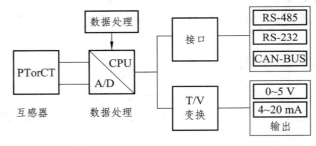

图 1.3.4　交流信号数字式电量隔离传感器的组合框图

接口部分是数字信号输出的变换电路，目前广泛采用的是 RS-485 总线接口。最常用的接口芯片为 ADM483，它可以最多挂接 32 个节点。当然现在也有许多其他类似芯片。RS-232 接口一般有两种方式实现，一种是在 RS-485 网络总线上加一个 RS-485/RS-232 转换器，另一种是直接把 RS-232 接口芯片放在产品中。后一种的缺点是产品的应用将受到限制，不能组成网络结构，只能点对点通信。CAN-BUS 是目前发展较快的一种总线，其优点是传输距离远，可以达到 10 km，不会出现总线冲突，多主工作方式，通信协议通用性好，当然其成本较高。

T/V 变换是为了兼容模拟信号采集输入系统。目前一般是采用 PWM 方式输出，再经过 T/V 变换，输出 0 ~ 5 V 或 4 ~ 20 mA 模拟信号。

软件主要包含三个功能模块：数据采集、数据处理和通信协议。其中数据采集主要读取 A/D 转换结果，由于单片机自带 A/D，因此程序比较简单。数据处理主要完成交流变直流的运算。通信协议一般由用户选定，如 MODBUS 协议、ASCII 格式等。

由于数字式电量隔离传感器可以直接输出数字量，对于许多应用系统可以省去 A/D 采集模块，所以可以降低系统成本。因此，电量隔离传感器的数字化，不仅可以提高产品稳定性，还可以使用户进一步降低成本。

（四）霍尔传感器

铁路信号集中监测系统中一般用霍尔元件替代前面所述的电流互感器。应用霍尔感应原理能隔离主回路和测试电路的检测元件。它克服了传统的检测元件互感器（一般只适用于交流测量）和分流器（无法进行隔离测量）的不足，既可以检测交流也可以检测直流，甚至可以检测瞬态峰值。

应用霍尔感应原理制成的传感器称为霍尔传感器。它一般有以下两种工作方式：

① 直测式。当电流通过一根长导线时，在导线周围将产生一磁场，这一磁场的强度与流过导线的电流大小成正比，它可以通过磁芯聚集感应到霍尔器件上并使其有一信号，这一信号经功率放大器放大后直接输出。

② 磁平衡式。磁平衡式电流传感器也称补偿式传感器，即主回路被测电流 I_p 在聚磁环处所产生的磁场通过一个次级线圈电流所产生的磁场进行补偿，从而使霍尔器件处于检测零磁通的工作状态。

三、监测系统的信息传输总线

通过采集并记录信号设备的主要运行状态，铁路信号集中监测系统为各级电务人员提供大量的监测数据，信息传输贯穿整个系统的工作过程。信息传输的速度和质量将直接影响监测系统指导铁路信号设备的维护工作。下面简要介绍监测系统常用的几种信息传输总线。

（一）串行通信总线

总线是一组能被多个部件分时共享的公共信息传送线路，即系统之间、模块之间、芯片内部用来传递信息的信号线的集合。分时和共享是总线的两个主要特征。共享是指总线上可以连接多个部件，各个部件之间相互交换的信息都可以通过总线来传送。分时是指同一时刻总线上只能传送一个部件的信息。

通信总线也称外总线，用来实现计算机系统之间或计算机系统与其他系统（如仪器、仪表、控制装置）之间的信息传输。它往往借用电子工业已有的总线标准。通信总线有并行通信总线和串行通信总线两类。

串行总线即在信息传输过程中，每次传送一个比特（1 bit）的信息。串行总线传输速度低，使用的电缆少，且抗干扰能力强，一般用于较远距离的数据传输。常用的串行通信总线有 RS-232C、RS-422、RS-485 总线等。

1. RS-232C 总线

RS-232C 是美国电子工业协会（EIA，Electronic Industry Association）制定的一种串行物理接口标准。RS 是英文"推荐标准"的缩写，232 为标识号，C 表示修改次数。完整的 RS-232C 接口有 25 根线，采用 25 芯的插头插座，RS-232C 另一种常用的插头是 9 芯插座。RS-232C 总线包括一个主通道和一个辅助通道。RS-232C 标准规定，驱动器允许有 2 500 pF 的电容负载，通信距离将受此电容限制。例如，采用 150 pF/m 的通信电缆时，最大通信距离为 15 m；若每米电缆的电容量减小，通信距离可以增加。传输距离短的另一原因是 RS-232 属单端信号传送,存在共地噪声和不能抑制共模干扰等问题,因此一般用于 20 m 以内的通信。RS-232C 传输速率低,不超过 20 kbps。

2. RS-422 总线

RS-422A 标准是 EIA 公布的《平衡电压数字接口电路的电气特性》标准。RS-422A 与 RS-232C 的关键不同在于把单端输入改为双端差分输入,信号地不再公用,双方的信号地也不再接在一起。RS-422 总线是一种平衡方式传输的总线,即双端发送和双端接收,差模传输。这种方式抗干扰能力强,它的最大传输速率可达 10 Mbps(15 m),最大传输距离能达 1 200 m(90 kbps)。其连接器采用 9 插针方案。

3. RS-485 总线

RS-485 总线同 RS-422 总线传输方式相同,它与 RS-422 总线兼容且扩展了 RS-422 总线的功能。两者主要区别在于 RS-422 总线只允许电路中有一个发送器,而 RS-485 总线允许电路中有多个发送器,且一个发送器驱动多个负载设备,允许 32 台驱动器和 32 台接收器并联。RS-485 总线广泛应用于铁路信号集中监测系统中。

4. Modbus 协议

Modbus 协议是应用于电子控制器上的一种通用语言。通过此协议,控制器相互之间、控制器经由网络(如以太网)和其他设备之间可以通信。它已经成为一通用工业标准,有了它,不同厂商生产的控制设备可以连成工业网络,进行集中监控。

此协议定义了一个控制器能认识和使用的消息结构,而不管它们是经过何种网络进行通信的。它描述了一控制器请求访问其他设备的过程,如何回应来自其他设备的请求,以及怎样侦测错误并记录。它制定了消息域格局和内容的公共格式。

当在一 Modbus 网络上通信时,此协议决定了每个控制器必须知道它们的设备地址,识别按地址发来的消息,决定要产生何种行动。如果需要回应,控制器将生成反馈信息并用 Modbus 协议发出。在其他网络上,包含了 Modbus 协议的消息转换为在此网络上使用的帧或包结构。这种转换也扩展了根据具体的网络解决节地址、路由路径及错误检测的方法。

Modbus 的几个特点:

① 标准、开放,用户可以免费、放心地使用 Modbus 协议,不需要交纳许可证费,也不会侵犯知识产权。

② Modbus 可以支持多种电气接口,如 RS-232,RS-485 等,还可以在各种介质上传送,如双绞线、光纤、无线等。

③ Modbus 的帧格式简单、紧凑,通俗易懂,使得用户使用容易,厂商开发简单。

(二)现场总线

现场总线是以测量控制设备作为网络节点,以双绞线等传输介质作为纽带,把位于生产现场、具备了数字计算和数字通信能力的测量控制设备连接成网络系统,按照公开、规范的网络协议,在多个测量控制设备之间以及现场设备与远程监控计算机之间,实现数据传输与信息交换,形成适应各种应用需要的自动控制系统。

CAN（Controller Area Network）即控制器局域网，可以归属于工业现场总线的范畴，是目前国际上应用最广泛的开放式现场总线之一，如图 1.3.5 所示。

与一般的通信总线相比，CAN 总线的数据通信具有突出的可靠性、实时性和灵活性。它在汽车领域的应用最为广泛，世界上一些著名的汽车制造厂商采用 CAN 总线来实现汽车内部控制系统与各检测和执行机构间的数据通信。由于 CAN 总线的特点，其应用范围可从高速网络到低成本的多线路网络。铁路信号集中监测系统中采集机与站机之间采用这种连接方式。

CAN 总线的位速率可高达 1 Mbps。在微机监测系统中，CAN 总线的位速率设置为 250 kbps，在此速率下，CAN 总线的长度可达 270 m。CAN 总线传输介质可以是双绞线、同轴电缆。CAN 总线适合在大数据量短距离通信或长距离小数据量通信，实时性要求比较高，多主多从或者各个节点平等的现场中使用。

CAN 总线数据通信是基于报文的方式进行数据传输。在微机监测系统的底层网络中，CAN 总线卡为报文中心（邮局），采集设备的功能类似于信箱。

上位机（站机）向采集设备发送数据时，先将报文传送到 CAN 总线卡，CAN 总线卡根据报文地址分发到下面的采集设备。采集设备向上位机发送数据时，直接将报文发送到 CAN 总线卡，然后 CAN 总线卡将报文传送到上位机进行处理。

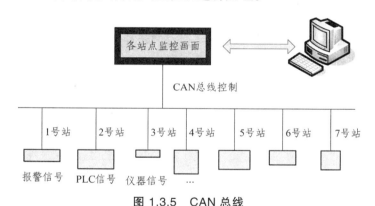

图 1.3.5　CAN 总线

四、计算机网络基础

计算机网络是把分布在不同地点，并具有独立功能的多个计算机系统通信设备和线路连接起来，在功能完善的网络软件和协议的管理下，以实现网络中资源共享为目标的系统。

（一）计算机网络的主要功能

1. 资源共享

① 硬件资源：包括各种类型的计算机、大容量存储设备、计算机外部设备，如彩色打印机、静电绘图仪等。

② 软件资源：包括各种应用软件、工具软件、系统开发所用的支撑软件、语言处理程序、数据库管理系统等。

③ 数据资源：包括数据库文件、数据库、办公文档资料、企业生产报表等。

④ 信道资源：通信信道可以理解为电信号的传输介质。通信信道的共享是计算机网络中最重要的共享资源之一。

2．网络通信

通信通道可以传输各种类型的信息，包括数据信息和图形、图像、声音、视频流等各种多媒体信息。

3．分布处理

分布处理是把要处理的任务分散到各个计算机上运行，而不是集中在一台大型计算机上。这样不仅可以降低软件设计的复杂性，还可以大大提高工作效率和降低成本。

4．集中管理

对于地理位置分散的组织和部门，可通过计算机网络来实现集中管理，如数据库情报检索系统、交通运输部门的订票系统、军事指挥系统等。

5．均衡负荷

当网络中某台计算机的任务负荷太重时，通过网络和应用程序的控制和管理，将作业分散到网络中的其他计算机中，由多台计算机共同完成。

（二）计算机网络的结构组成

一个完整的计算机网络系统由网络硬件和网络软件组成。网络硬件是计算机网络系统的物理实现，网络软件是网络系统中的技术支持。两者相互作用，共同完成网络功能。

1．网络硬件系统

计算机网络硬件系统由使用网络的计算机终端设备和服务器以及负责传输数据的网络传输介质和网络设备组成，如图 1.3.6 所示。

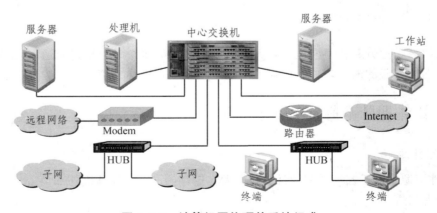

图 1.3.6　计算机网络硬件系统组成

（1）网络终端与服务器

网络终端也称网络工作站，是使用网络的计算机、网络打印机等。在客户/服务器网络中，客户机指网络终端。

网络服务器是被网络终端访问的计算机系统，通常是一台高性能的计算机。例如，大型机、小型机、UNIX 工作站和服务器 PC 机，安装上服务器软件后构成网络服务器，分别被称为大型机服务器、小型机服务器、UNIX 工作站服务器和 PC 机服务器。

网络服务器是计算机网络的核心设备，网络中可共享的资源，如数据库、大容量磁盘、外部设备和多媒体节目等，通过服务器提供给网络终端。服务器按照可提供的服务，可分为文件服务器、数据库服务器、打印服务器、Web 服务器、电子邮件服务器、代理服务器等。

（2）网络交换设备

网络交换设备是把计算机连接在一起的基本网络设备。计算机之间的数据通过交换机转发。因此，计算机要连接到局域网络中，必须首先连接到交换机上。不同种类的网络使用不同的交换机。常见的交换机有：以太网交换机、ATM 交换机、帧中继网的帧中继交换机、令牌网交换机、FDDI 交换机等。

（3）网络互联设备

网络互联设备主要是指路由器。路由器是应用于不同网段或不同网络之间的设备，属于网际设备。路由器不是一个纯硬件设备，而是有相当丰富路由协议支持的设备，如 RIP 协议、OSPF 协议、EIGRP、IPV6 协议等。这些路由协议就是用来实现不同网段或网络之间的相互"理解"。路由器的主要功能就是选择到达目标主机的最佳路径，并沿该路径传送数据包。

协议转换器是一种网络接入设备，能使处于通信网上采用不同高层协议的主机仍然互相合作，完成各种分布式应用，也就是用于构架网络连接，将一种协议转换为另一种协议。现有的协议转换器主要分为 E1/以太网系列和 E1/V.35 系列。它将以太网信号或 V.35 信号转换为 E1 信号，以 E1 信号形式在同步/准同步数字网上进行长距离传输。其主要目的是延长以太网信号和 V.35 信号的传输距离。

在广域网与局域网中，调制解调器也是一个重要的设备。调制解调器用于将数字信号调制成频率带宽更窄的信号，以便适应广域网的频率带宽。最常见的是使用电话网络或有线电视网络接入互联网。

中继器是一个延长网络电缆和光缆的设备，对衰减了的信号起再生作用。

（4）网络传输介质

主要的网络传输介质有四种：双绞线电缆、光纤、微波、同轴电缆。

在局域网中的主要传输介质是双绞线，这是一种不同于电话线的 8 芯电缆，具有传输 1 000 Mbps 信号的能力。光纤在局域网中多承担干线部分的数据传输。使用微波的无线局域网由于其灵活性而逐渐普及。早期的局域网中使用网络同轴电缆，从 1995 年开始，网络同轴电缆被逐渐淘汰，已经不在局域网中使用了。由于 Cable Modem 的使用，电视同轴电缆还在充当 Internet 连接的一种传输介质。

2. 网络软件系统

（1）网络操作系统

网络操作系统是网络软件中最主要的软件，用于实现不同主机之间的用户通信，以及全网硬件和软件资源的共享，并向用户提供统一的、方便的网络接口，以便于用户使用网络。目前网络操作系统有三大阵营：UNIX，NetWare 和 Windows。在我国应用最广泛的是 Windows 网络操作系统。

（2）网络协议软件

网络协议是网络通信的数据传输规范，网络协议软件是用于实现网络协议功能的软件。

目前，典型的网络协议软件有 TCP/IP 协议、IPX/SPX 协议、IEEE802 标准协议系列等。其中，TCP/IP 是当前异种网络互联应用最为广泛使用的网络协议软件。

（3）网络管理软件

网络管理软件是用来对网络资源进行管理以及对网络进行维护的软件，可进行性能管理、配置管理、故障管理、计费管理、安全管理、网络运行状态监视与统计等。

（4）网络通信软件

网络通信软件用于实现网络中各种设备之间进行通信，使用户能够在不必详细了解通信控制规程的情况下，控制应用程序与多个站进行通信，并对大量的通信数据进行加工和管理。

（5）网络应用软件

网络应用软件的功能是为网络用户提供服务。其最重要的特征是，它研究的重点不是网络中各个独立的计算机本身的功能，而是如何实现网络特有的功能。

（三）局域网与广域网

按照计算机网络所覆盖的地理范围的大小进行分类，计算机网络可分为：局域网（LAN）、城域网（MAN）和广域网（WAN）。了解一个计算机网络所覆盖的地理范围的大小，可以使人们一目了然地了解该网络的规模和主要技术。

局域网的覆盖范围一般在方圆几十米到几千米。典型的局域网是一间办公室、一栋办公楼、一个园区范围内的网络。

当网络的覆盖范围达到一个城市的大小时，被称为城域网。网络覆盖到多个城市甚至全球的时候，就属于广域网的范畴了。我国著名的公共广域网是 ChinaNet，ChinaPAC，ChinaFrame，ChinaDDN 等。大型企业、院校、政府机关通过租用公共广域网的线路，可以构成自己的广域网。

铁路信号集中监测系统网络结构包括：车站局域网、车间/工区局域网、电务段局域网、铁路局局域网、铁道部局域网以及连接各层局域网的广域网络。

五、检测系统

检测系统的主要作用是测量各种参数，用于显示或控制。由于被测对象复杂多样，因此检测方法和检测技术也不尽相同。基本检测系统的组成如图 1.3.7 所示。

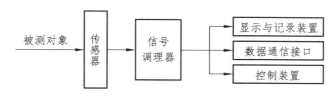

图 1.3.7　基本检测系统的组成

（1）传感器

传感器处于被测对象与检测系统的接口位置，是一个信号变换器。它直接从被测对象中提取被测量的信息，感受其变化并变换成便于测量的其他量。传感器是检测系统的重要组成部件。

（2）信号调理器

信号调理器又称中间转换器，它的作用是将传感器的输出信号进行放大、转换和传输等，使其适合于显示、记录、数据处理或控制。例如，放大器、测量电桥、交流/直流变换器等均属于信号调理器。

（3）输出环节

输出环节包含显示和打印记录装置、数据通信接口和控制执行器装置等，从而使检测系统不仅能用于检测，还能完成控制和保护操作等功能。

从检测系统的组成可以看出，要掌握检测技术，不仅要具备力学、光学、电磁学等物理学知识，还要具备电子、计算机、自动化、信息等领域的知识和技术。铁路信号集中监测系统主要针对电量进行采集、处理、显示与记录，并进行智能分析与报警。因此，可以说铁路信号集中监测系统是一个复杂的智能化的电量检测系统。

复习思考题

1. 铁路信号集中监测系统的发展经历了哪几个阶段？
2. 铁路信号集中监测系统的监测范围内包括哪些系统设备？
3. 为什么要发展铁路信号集中监测系统？
4. 电量隔离传感器有什么作用？数字式电量隔离传感器有什么特点？
5. 串行通信总线有哪几种？
6. CAN 现场总线有哪些特点？
7. 计算机网络硬件系统包括哪些设备？
8. 什么是广域网？什么是局域网？局域网接入广域网的连接设备有哪些？
9. 网络传输介质有哪几种？
10. 一般测量系统包括哪些基本组成部分？

第二章

监测系统体系结构及设备功能

第一节　监测系统体系结构及数据流

一、监测系统的体系结构

监测系统体系结构包括系统配置的层次结构和数据通信的网络结构。根据电务部门监测、维护和管理工作的实际需要，监测系统体系结构采用基于 TCP/IP 协议的广域网模式、"三级四层"结构，如图 2.1.1 所示。

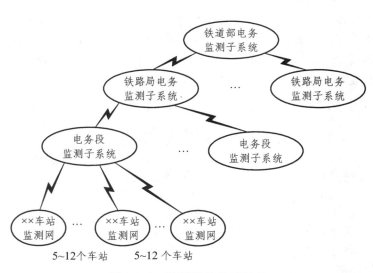

图 2.1.1　监测系统体系结构

三级：铁道部、铁路局、电务段。

四层：铁道部电务监测子系统、铁路局电务监测子系统、电务段监测子系统（含车间和工区监测点）、车站监测网。各层设备配置如图 2.1.2 所示。

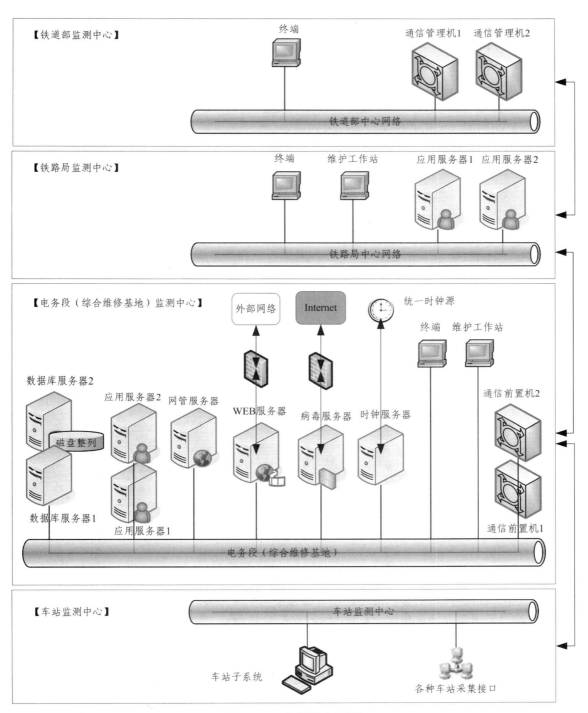

图 2.1.2　各层设备配置

铁道部电务监测子系统配置通信管理机、铁道部监测终端。通信管理机应采用双机冗余备份技术，以增加系统的可靠性。

铁路局电务监测子系统配置应用服务器、监测终端、维护工作站。

电务段监测子系统配置数据库服务器、应用服务器、通信前置机（超过 200 个车站，增设 1 套）、接口服务器、WEB 服务器（预留）、网络管理服务器、防病毒服务器、时钟服务器、网络通信设备、网络安全设备（防火墙等）、电源设备、防雷设备、维护工作站、监测终端等。监测终端主要包括电务段调度终端、试验室终端、车间终端、工区终端等设备，可根据维修管理需要配置相应的终端。

车站监测网配置站机和采集设备以及网络通信设备。

铁路局应用服务器、电务段应用服务器、电务段数据库服务器、电务段通信前置机应采用双机冗余备份技术，以增强系统的可靠性。

二、监测系统的数据流

信号设备的数据采集由站机完成，并将数据存储在数据库中。在监测终端机上，通过维修中心服务器（电务段服务器）的中转，调用、查看所需要的数据。图 2.1.3 所示为监测站机、监测终端机、维修中心服务器（电务段服务器）和数据库之间的数据流示意图。

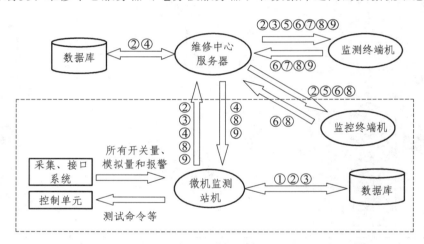

图 2.1.3　监测系统的数据流示意图

各种数据说明如下：

① 站机采集保存不上传：采集的所有模拟量，三级报警。

② 站机采集保存并上传 1：采集到的所有开关量；一二级报警；站机人员操作记录，如登录、检修等。

③ 站机采集保存并上传 2：视频信息，终端定制显示的模拟量。

④ 服务器到站机的命令及响应：校时、定时取日报表、关键设备动作次数、站机重启等。

⑤ 服务器到终端的命令及信息：校时、网络状态及网管数据等。

⑥ 终端到服务器的查询命令及响应 1：站场回放，开关量历史信息，关键设备动作次数，报警历史信息及报警统计汇总表，模拟量月、年曲线，系统运行状态等。

⑦ 终端到服务器的查询命令及响应 2：终端异地调阅记录、车站检修时的报警、报警确认、工作任务的安排等电务管理报表。

⑧ 终端到站机的命令及响应 1：模拟量实时测试、当日日报表、开关量实时信息、道岔

曲线、高压不对称曲线，采集机状态，计轴诊断测试，分路残压，用户操作记录等。

⑨ 终端到站机的命令及响应 2：开关量及模拟量回放，终端定制显示的模拟量，定制监测信息、环境控制日志、空调控制及状态、视频控制，工作任务的安排。

⑩ 涉及终端或服务器等需要联网支持的功能预留。

第二节　通信网络技术要求

一、组网原则

① 监测系统基层网应采用不低于 2 Mbps 通道单独组网，独立运行。客运专线实施时，预留 ZPW2000 维护终端接入监测基层网进行站间通信的应用，其通道带宽相应增加。

② 新建监测系统接入电务段或铁路局既有微机监测系统网络时，应与既有微机监测系统共用局域网，不再单独组网，并根据实际情况，对既有监测系统网络设备进行利旧、扩容或改造。

③ 监测系统组网应遵照统一规划、统一标准、合理布局的原则，在满足现阶段需要的同时，应留有发展余量。监测系统网络设计应在保证可靠性、安全性、实时性的前提下，采用标准、通用的网络设备。

④ 监测系统应采用 TCP/IP 协议并符合开放式网络体系结构。监测系统网络节点（车站 ZPW2000 维护终端）IP 地址全路应统一编码。IP 地址编码应考虑为列控中心、计算机联锁、CTC 等系统车站维护终端纳入集中监测预留相应的 IP 地址。

⑤ 集中监测基层网与既有微机监测上层网均采用专用不低于 2 Mbps 通道时，为保证互联互通，既有路由器和新设路由器应支持 OSPF 或 EIGRP 协议。

二、系统总体结构及网络构成

① 监测系统的网络结构分为车站、车间（工区）与电务段之间的通信基层网和电务段对铁路局、铁道部的上层网。基层网和上层网之间应互联互通，确保新建线路车站监测信息接入既有电务段、铁路局监测系统中。

② 监测系统基层网应采用专用的传输通道，传输速率不低于 2 Mbps。基层网是由网络通信设备和传输通道构成的环形网络，应采用冗余措施提高网络的可靠性。

③ 电务段、铁路局、铁道部集中监测子系统的路由器、交换机、以太网适配器及网络线等关键网络设备或部件均应采用双套冗余配置。监测系统车站的路由器、交换机、以太网适配器及网络线等网络设备或部件采用单套配置。

④ 车站通信机械室至信号机械室应采用光纤通道和光接口设备连接。

⑤ 采用环形通道组网时，基层广域网通道的汇聚节点应分别接入电务段路由器，同一环路中首尾两条通道汇聚节点应分别接入电务段互为冗余的双套路由器，区域汇聚点应考虑双套路由器的负载均衡。

⑥ 各车站局域网之间通道带宽应不低于 2 Mbps，采用环形组网方式连接，每 5～12 个

车站形成一个环路，并以不低于 2 Mbps 通道抽头方式与电务段进行星形连接。环内具体车站数量可以结合通信传输系统节点情况确定。

三、基层网组网要求

基层网应采用独立的不低于 2 Mbps 通道组网。当采用 IP 数据网时，应具备相应的网络隔离和安全措施，其覆盖范围包括所有车站、工区、车间、电务段。

基层网接入上层网的技术要求：

① 基层网是专用 2 Mbps 通道，上层网是 IP 数据网时，两者在电务段增加相应网络设备或接口服务器以保证互联互通。

② 基层网是 IP 数据网，上层网是专用 2 Mbps 网络时，实现要求同①。

③ 基层网与上层网均采用 IP 数据网时，上层网统一给基层网每个车站、中继站、动车所、线路所、综合保养点、综合维修工区等节点分配 IP 地址，保证既有上层网的既有终端可以联通基层网的每个节点。网络规划由设计院或 IP 网管理者统一考虑。

当客运专线跨多个电务段时，应在电务段之间设置 2M 通道，以便于不同电务段间分界口车站信息共享。

四、局域网组网要求

① 局域网设计须满足一致性、安全性、可靠性、可管理性的要求。

② 局域网应选用以太网系列技术标准，并采用 TCP/IP 协议。

③ 局域网可采用 RJ45 接口方式，传输介质为超五类双绞线或光纤。局域网布线应符合《建筑与建筑群综合布线系统工程设计规范》（GB/T 50311）的有关规定。

④ 对于传输通道条件受限的地区和有特殊要求的地方，可设计无线局域网，或有线与无线相结合的局域网。

五、广域网组网要求

① 广域网应利用铁路基础通信平台，设计合理的接入模式。

② 广域网应采用 TCP/IP 协议，IP 地址分配应严格遵守铁道部网络地址分配相关规定。

③ 通信通道传输系统指标：

• 广域网数据传输通道的带宽应不低于 2 Mbps，误码率应 $\leqslant 10^{-7}$；

• 当使用 E1 电路传输时，误码率应 $\leqslant 10^{-7}$；

• 当使用数据网传输时，网络端到端的主要性能指标符合《IP 网络技术要求——网络性能参数与指标》（YD/T 1171）中 QoS 1 级（交互式）标准。

六、监测系统网络结构要求

监测系统网络包括车站局域网、车间/工区局域网、电务段局域网、铁路局局域网、铁道部局域网以及连接各层局域网的广域网络。

车站局域网、车间/工区局域网应采用集线器或交换机进行组网，采用星形连接方式，传输速率要求不低于 100 Mbps。车间/工区局域网可采用两种方式接入监测网：一是按照就近原则，就近接入车站局域网中；二是采用点对点方式通过不低于 2 Mbps 通道连接到电务段局域网中。

铁道部、铁路局和电务段局域网应采用交换机进行组网，采用星形连接方式，传输速率要求不低于 1000 Mbps。铁道部局域网、铁路局局域网以及电务段局域网之间通过不低于 2 Mbps 通道进行星形连接。

第三节　监测子系统设备配置及功能

一、铁道部电务监测子系统

铁道部电务监测子系统配置通信管理机、铁道部监测终端。其中通信管理机为双机冗余，监测终端的数量可根据需要配置。

（一）具体配置要求

通信管理机采用 PC 服务器。每台服务器至少配置 4 颗 CPU，CPU 主频在 2.4 GHz 以上；内存容量不小于 8 GB，具备扩展至 128 GB 内存的能力；硬盘容量在 73 GB×3 以上。

铁道部监测终端采用商用 PC 机。配置要求：主频不应低于 2.0 GHz，CPU 内核不低于 2 个，内存容量不低于 1 GB，显示器不小于 19 英寸。

（二）设备功能

通信管理机与铁道部各监测终端以及各铁路局应用服务器建立通信并进行数据交换、转发、监视和管理，同时进行时钟自动校核、系统运行状态管理、系统操作日志管理。

监测终端用于调看全路的联网车站，实时查看车站信号设备的工作状态，回放站场存储信息和报表信息，显示车站的报警信息，并提供系统运行日志、车站机运行日志查询。数据处理及授权终端根据需要向所辖站机发送控制命令。

二、铁路局电务监测子系统

铁路局电务监测子系统配置应用服务器、监测终端、维护工作站。其中应用服务器为双机冗余，维护工作站为单台，监测终端数量可以根据需要配置。

（一）具体配置要求

铁路局应用服务器采用 PC 服务器。每台服务器至少配置 4 颗 CPU，CPU 主频不低于 2.0 GHz；内存容量不小于 8 GB，应具备扩展至 128 GB 内存的能力；硬盘容量在 73 GB×4 以上。

铁道局监测终端、维护工作站采用商用 PC 机。配置要求：单核 CPU 主频不应低于 3.4 GHz，双核 CPU 单颗主频不低于 2.4 GHz；内存容量不应低于 2 GB，硬盘容量不应低于 160 GB；具有声卡和音箱等；液晶显示器不小于 19 英寸。

（二）设备功能

1. 应用服务器功能

铁路局设置监测系统应用服务器，作为整个铁路局监测系统的监控中心。应用服务器以星形方式与各个电务段连接，管理全局内所辖的电务段及其车站节点。该服务器与铁路局各监测终端连接，负责管理和处理该监测终端的数据请求。其主要功能如下：

① 基本功能：负责与所辖电务段中心服务器、铁路局监测终端以及铁道部通信管理机等节点建立通信连接，进行网络通信和数据交互，并实现数据流调度和信息路由等功能。

② 系统管理：系统在线自检，记录系统运行日志；用户登录、修改配置等权限的管理；用户及密码管理。

③ 通信管理：负责将实时数据转发给铁路局终端和铁道部前置机，负责与电务段应用服务器之间有关命令和响应数据的转发，负责与铁道部通信前置机之间有关命令和响应数据的转发。

④ 数据处理及控制：向所辖终端机发送控制命令，存储所辖终端操作记录，存储服务器操作记录，服务器双机冗余备份。

2. 维护工作站功能

维护工作站是铁路局电务监测中心的网络管理终端，并配备监测终端的所有功能。具体如下：

① 网络拓扑图状态管理。包括：

• 在网络拓扑图上动态、实时地监视网络节点的工作状态。网络节点包括计算机、路由器、交换机等。

• 在网络拓扑图上动态、实时地监视网络通道状态。

• 在网络拓扑图上动态、实时地监视车站 UPS、采集机分机及板卡、智能传感器以及其他接口单元的状态。

• 在网络拓扑图上动态反映网络节点单元的告警，通过声音、拓扑图颜色变化来反映当前网络的告警信息。

• 在网络拓扑图上动态反映网络节点设备的配置情况。

② 对系统中主要设备的软硬件配置管理，包括机器名、设备类型（主机、工作站、路由器、交换机、网络打印机等）、IP 地址、硬件配置描述、操作系统类型及版本、软件模块配置及版本情况等。

③ 显示智能接口系统相关设备状态，包括 TDCS/CTC、列控中心、ZPW2000、计算机联锁及智能电源屏等。

3. 监测终端功能

铁路局监测终端主要包括铁路局调度终端和试验室终端，可以调看全局的联网车站，实时查看车站信号设备的工作状态，回放站场存储信息和报表信息，显示车站的报警信息。

三、电务段监测子系统

电务段监测子系统配置数据库服务器、应用服务器、通信前置机（超过 200 个车站，增设 1 套）、接口服务器、WEB 服务器（预留）、网络管理服务器、防病毒服务器、时钟服务器、网络通信设备、网络安全设备（防火墙等）、电源设备、防雷设备、维护工作站、监测终端等。监测终端主要包括电务段调度终端、试验室终端、车间终端、工区终端等设备，可根据维修管理需要配置相应的终端。

（一）具体配置要求

① 电务段数据库服务器采用小型机，并采用双机热备方式。每台服务器配置 CPU 数量不少于 4 颗，具备扩展至 8 颗 CPU 的能力；CPU 主频不应低于 3.5 GHz；内存容量不小于 32 GB。

② 电务段存储系统设置光纤磁盘存储阵列，支持 RAID 系列功能，容量不小于 1 TB。

③ 电务段应用服务器采用 PC 服务器，并采用双机热备方式。每台服务器至少配置 4 颗 CPU，CPU 主频不低于 2.6 GHz；内存容量不低于 16 GB。

④ 电务段通信前置机、接口服务器、WEB 服务器，采用 PC 服务器。每台服务器至少配置 4 颗 CPU，CPU 主频不低于 2.0 GHz；内存容量不小于 4 GB。

⑤ 电务段局域网交换机为三层全千兆交换机，不应少于 48 个以太网口，支持 OSPF 动态路由。

⑥ 电务段广域网核心路由器，支持 8 端口或更高密度的广域网接口卡。广域网端口数量不应少于 32 个，千兆电端口数量不应少于 2 个。路由器配置双套冗余。

（二）设备功能

1. 通信前置机功能

电务段设置通信前置机，与管内各监测终端以及各监测站机建立通信连接并进行数据交换。

① 基本功能：负责与所辖车站站机、监测终端等节点建立通信连接，进行网络通信和数据交互，并实现数据流调度和信息路由等功能。

② 系统管理：用户登录、修改配置等权限的管理，用户及密码管理，系统在线自检，记录系统运行日志。

③ 通信管理：负责应用服务器与站机之间有关命令和响应数据的转发，双机冗余，均衡负载，自动切换管辖车站。

④ 其他功能：时钟自动校核，系统运行状态管理，系统操作日志管理。

2. 应用服务器功能

① 基本功能：负责所辖终端、数据库服务器、通信前置机及局服务器间数据处理及转发，负责跨站逻辑处理。

② 系统管理：与通信前置机功能相同。

③ 通信管理：负责车站实时数据分发处理，监测终端与站机之间有关命令和响应数据的转发，终端与数据库服务器之间的数据传输，终端与网管服务器之间的数据传输，局服务器

与车站间通信数据转发，网络通信时数据的压缩/解压缩以及数据的分等级传输。

④ 数据处理及控制：服务器双机冗余备份，向所辖车站站机或终端机发送控制命令。

3. 数据库服务器功能

① 负责存储车站开关量、报警等相关数据，负责存储终端、通信前置机、应用服务器、网管服务器等操作记录。

② 系统管理功能与应用服务器相似，数据库服务器仅与应用服务器通信。

③ 数据处理及控制：负责存储应用服务器传输过来的相关数据，响应应用服务器传输的读取历史数据的命令，并将响应的历史数据传回应用服务器。

4. 网管服务器功能

① 负责管辖范围内所有终端、服务器、通信前置机、采集设备状态。

② 系统管理功能与应用服务器相似。

③ 通信管理：负责接收应用服务器传输过来的各个节点的状态，响应应用服务器传输过来的读取各个节点状态的命令。

5. WEB 服务器功能

① 丰富查询手段，提供 WEB 浏览服务功能，主要包括实时报警及历史报警查询、报警信息处理情况录入、报警信息分析统计。此外，还可作为全线子系统自动升级服务器。

② 系统管理功能与应用服务器相似。

③ 通信管理：负责接收应用服务器转发过来的实时报警信息，响应终端 IE 等浏览器查询命令，与数据库服务器间建立通信。

6. 防病毒服务器功能

监测系统所有站机及终端（包括 ZPW2000 维修终端）统一从防病毒服务器下载并安装杀毒软件。防病毒软件在新建工程实施时统一规划、统一安装。防病毒服务器定时对所辖站机和终端进行病毒包升级。

功能要求：

① 防病毒服务器中最新的病毒库由维护人员定期更新。

② 电务段所管辖的监测站机、终端、服务器必须与防病毒服务器网络连接正常。

③ 显示各个站机、终端等节点防病毒软件版本状况、病毒库升级情况及病毒库版本。

7. 时钟服务器功能

时钟服务器为所辖电务段管辖范围内的站机和终端、服务器提供标准时钟源，并对所辖各个节点定时校核时间。

功能要求：

① 时钟服务器从统一的时钟源获取标准时钟。

② 统一的时钟源可以配置双套冗余的 GPS 授时铷原子钟，也可以是其他信号系统（如 CTC、通信时钟服务器）的母钟设备。

8. 接口服务器功能

接口服务器的基本功能包括跨系统间连接、跨网络间连接的数据通信转发及处理。

（1）跨系统间连接

① 完成监测系统与其他系统间的数据交互。

② 网络连接或 RS-422 连接。当使用网络连接时，接口服务器和其他系统间需要增加网络防护。原则上各个系统做自身防护，保证不影响对方系统或受对方系统影响。各种通信协议视其他系统的需求而定。

③ 负责将监测系统内开关量、模拟量、报警信息传输给其他系统，并将其他系统的信息传输给监测系统应用服务器。

（2）跨网络间连接

作为两个独立网络的交接点，负责两个独立网络间数据互相传输、实时数据上送、网络命令传输。该交接点需要安装双网卡，每个网卡连接独立网络。数据格式满足《监测系统段、局服务器及车站数据通信规程》。

复习思考题

1. 铁路信号集中监测系统的体系结构如何配置？

2. 简述铁路信号集中监测系统的网络结构。

3. 电务段监测子系统应配置哪些设备？

4. 铁路局电务监测子系统中的应用服务器有哪些功能？

5. 铁路局电务监测子系统中的维护工作站有哪些功能？

6. 铁路信号集中监测系统采用哪种类型的网络体系结构？IP 地址的确定有何要求？

7. 铁路信号集中监测系统中哪些网络设备采用双套？

8. 各车站局域网之间如何连接？车站局域网与电务段之间如何连接？

第三章

监测系统具体功能及要求

监测系统监测信号设备的主要运行状态，监测对象的选择要以保证维修、提高效率为依据，一般应遵循以下原则：易受外界影响并易发生故障的设备，发生故障后影响范围大的设备，有利于分析和判断故障，有利于实现状态修，有利于对使用及维护人员的主要操作实施实时监督。

反映信号设备主要运行状态的物理量可以分为两大类：模拟量和开关量。因此，监测系统的基本功能就是通过各种方法获得反映监测对象电气特性和运行状态的模拟量和开关量，并根据预先设定的逻辑条件进行报警和预警。

第一节 模拟量监测功能

铁路信号集中监测系统对各种信号设备的主要电气参数和使用环境等进行实时监测，发现异常进行报警并记录。模拟量测试采样、精度应符合《铁路信号集中监测系统技术条件》要求。

一、外电网综合质量监测

监测系统对外电网输入相电压、线电压、电流、频率、相位角、功率进行监测。

电压采集点在配电箱（电务部门管理）闸刀外侧。电流采集使用开口式电流传感器，采集外电网配电箱闸刀内侧至电源屏输入之间电流。外电网综合质量采集箱盒应靠近电务配电箱安装。

（1）监测量程

AC 380 V 电压：0～500 V；

AC 220 V 电压：0～300 V；

电流：0～100 A；

频率：0～60 Hz；

功率：0 ~ 30 kW。

（2）监测精度

电压：± 1%；

电流：± 2%；

频率：± 0.5 Hz；

相位角：± 1%；

功率：± 1%。

（3）监测方式

周期巡测（周期≤1 s）；变化测。电流采用开口式电流互感器检测。

（4）采样速率

断相、错序、瞬间断电开关量的采样周期为 50 ms。电压、电流的采样周期为 250 ms。

二、电源屏监测

监测系统通过串行总线与智能电源屏接口。非智能屏的电压输入、输出采集点在电源屏保险后端，即电源屏自身设置的保险丝或空开的输出端。监测系统监测各电源屏输入电压、电流和各路输出电压、电流，以及 25 Hz 电源输出电压、频率、相位角。

（1）监测量程

① 电压量程：如表 3.1.1 所示。

表 3.1.1　电　压　量　程

电压/V	量程/V	电压/V	量程/V	电压/V	量程/V	电压/V	量程/V	电压/V	量程/V
AC 380	0 ~ 500	AC 220	0 ~ 300	AC 110	0 ~ 200	AC 24	0 ~ 50	AC 12	0 ~ 30
DC 220	0 ~ 300	DC 24	0 ~ 50	DC 48	0 ~ 80	DC 12	0 ~ 30	DC 6	0 ~ 10

② 电流量程：具体电流量程根据实际情况可作调整，如表 3.1.2 所示。

表 3.1.2　电　流　量　程

电源屏类型	量程/A	电源屏类型	量程/A	电源屏类型	量程/A
2.5 kV·A	0 ~ 20	10 kV·A	0 ~ 50	驼峰屏	0 ~ 100
5 kV·A	0 ~ 30	15 kV·A	0 ~ 80	30 kV·A	0 ~ 100

③ 频率量程：如表 3.1.3 所示。

表 3.1.3　频　率　量　程

电源类型	量程/Hz	电源类型	量程/Hz
50 Hz	0 ~ 60	25 Hz	0 ~ 30

④ 相位角：0°~360°。

（2）监测精度

电压：±1%；

电流：±2%；

频率：±0.5 Hz；

相位角：±1%。

（3）测试方式

周期巡测（周期≤1 s）；变化测。

（4）采样周期

均为 250 ms。

（5）电源屏输出报警

电源屏输出电压大于或小于额定值的 3%时进行报警并记录。其他输出报警标准应符合《铁路信号维护规则》的相关要求。

三、轨道电路监测

（1）交流连续式轨道电路监测

可在轨道测试盘上采集轨道继电器交流电压和直流电压，也可在轨道组合侧面端子采集。轨道电路模拟量不从轨道电路智能测试盘接口采集，应由监测系统专门采集。

- 监测方式：站机周期巡测（周期≤2 s）；变化测。
- 监测量程：
  AC：0~40 V；
  DC：0~40 V。
- 测量精度：±1%。
- 采样周期：250 ms。

（2）25 Hz 相敏轨道电路监测

在轨道测试盘上采集接收端交流电压，也可在轨道组合侧面端子采集。另外，需增加局部电源采集，并且与所采集的咽喉轨道区段相对应。注意轨道电压的同名端不能接反。轨道继电器励磁时测相位角，轨道占用时不测试相位角。

- 监测量程：
  电压 0~40 V；
  相位角 0°~360°。
- 监测精度：
  电压：±1%；
  相位角：±1%。
- 采样周期：500 ms。

（3）高压不对称脉冲轨道电路监测

在译码器相应端子采样，监测接收端波头、波尾有效值电压，峰值电压，电压波形。

- 监测方式：站机周期巡测（周期≤2 s）；变化测。
- 监测量程：0～100 V。
- 监测精度：±2%。
- 采样周期：0.2 ms。

（4）驼峰 JWXC-2.3 轨道电路监测

监测驼峰 JWXC-2.3 轨道继电器工作电流。

- 监测方式：站机周期巡测（周期≤2s）；变化测。
- 监测量程：0～800 mA。
- 监测精度：±3%。
- 采样周期：250 ms。

轨道占用及空闲状态是采集 GJ 继电器（或轨道复示继电器）的一组空接点（也可用开关量采集器采集半组接点）。25 Hz 二元二位继电器，本身第 4 组接点为空接点，可采集二元二位组合侧面。微电子轨道只能采集 GJ 继电器（或轨道复示继电器）的空接点。

四、转辙机监测

（1）直流转辙机监测

在动作回线处采样，根据 1DQJ 条件，监测道岔转换过程中转辙机动作电流、故障电流、动作时间、转换方向。

用开关量采集模块采集 1DQJ 的状态。采集 DBJ 和 FBJ 的一组空接点的前接点来监测道岔分表示的状态。

- 电流监测量程：0～10 A（单机）。
- 动作时间：0～40 s（单机）。
- 测量精度：
- 电流：±3%。
- 时间：≤0.1 s。
- 采样周期：40 ms。

（2）交流转辙机监测

交流转辙机包括：ZYJ 系列液压道岔转辙机，S700K 系列、ZDJ-9 系列交流电动转辙机。根据 1DQJ 条件连续监测道岔转换过程中转辙机动作功率、电流、动作时间、转换方向。电压采样在断相保护器输入端，电流采样在断相保护器输出端。

- 监测量程：
  动作电流：0～10 A（单机）；
  动作时间：0～40 s（单机）；
  功率：0～5 kW（单机）。
- 测量精度：
  电流：±2%；

功率：±2%；

时间：≤0.1s。

- 采样周期：40 ms。

（3）驼峰 ZD7 型直流快速道岔转辙机监测

在动作回线处采样，根据 1DQJ 条件连续测试道岔转换过程中转辙机动作电流、故障电流、动作时间、转换方向。

- 监测量程：

电流：0～30 A；

动作时间：0～3 s。

- 测量精度：

电流：±3%；

时间：≤0.1 s。

- 采样周期：10 ms。

（4）道岔表示电压监测

在分线盘道岔表示线处采样。监测道岔表示交、直流电压。

- 监测方式：站机周期巡测（周期≤2 s）；变化测。
- 监测量程：

DC：0～100 V；

AC：0～200 V。

- 监测精度：±1%。
- 采样周期：500 ms。

五、电缆绝缘测试

室内至室外设备的电缆通常为一组成对的电源线，定义为去线和回线。监测系统中通常只测回线端子。

1. 测试的电缆类型

① 道岔电缆：根据不同道岔的动作回线和表示回线而定。

交流转辙机：X4、X5。

直流转辙机（含六线制道岔）：X3、X4。

驼峰快动道岔：X5、X6 或 X3、X5。

② 信号机点灯电缆：各类信号机的点灯回线。根据实际名称变化和增减。

进站\进路信号机：LUH，HH，YBH。

出站信号机：LUH，HBH。

区间信号机：LH，UH，HH。

调车信号机：BAH。

③ 轨道电路电缆：测试站内轨道区段的接收端回线。

　　轨道区段：DGH（包括一送多受区段的 DG1H 和 DG2H）。

　　电码化区段独立的发码回线：FMH（如四线制 ZPW 2 000 发码区段）。

　　区间轨道区段：发送回线（FSH）和接收回线（JSH）。

④ 场间联系电路电缆绝缘测试：测试场间联系电源回线。

⑤ 半自动闭塞电缆绝缘测试：新建集中车站，半自动闭塞外线不进行绝缘测试；既有车站，先从软件上屏蔽该功能，在大中修时，拆除配线电缆。

⑥ 灯丝报警回线：测试 DS1、DS2、DS3。

⑦ 其他：电流回线不进行绝缘测试。LEU、ZPW2000 系列无绝缘轨道电路的供电电源电缆不进行绝缘测试。异物侵限继电器（YWJ）接收电缆等其他独立输出电缆不进行绝缘测试。

2．测试方法

电缆绝缘测试点在分线盘端子。新建集中监测车站，电源屏电压电缆不进行绝缘测试；既有已经具备该功能的车站，先从软件上屏蔽该功能，在大中修时，拆除配线电缆。

绝缘测试按照规定周期进行测试。测试方式：人工确认天气状况良好，拔出防雷或断开防雷地线后启动，自动测量；人工命令多路测试。集中监测绝缘测试界面上增加"天窗点内人工启动"提示，维护人员确认后输入用户名及密码，才能进行绝缘测试。

监测量程：0～20 MΩ，超出量程值时显示">20 MΩ"。

测量精度：±10%。

六、电源对地漏泄电流监测

对电源屏隔离输出的各种电源进行漏流测试，这些电源包括：信号机电源、轨道电源、道岔动作电源、道岔表示电源、闭塞电源、联锁电源、列控电源、TDCS/CTC 电源、集中监测电源、电码化电源、稳压备用电源等交直流电源。电源屏输入电源和不稳压备用电源为非隔离电源，不测对地漏泄电流。

所有漏泄电流采集配线必须从电源屏自身设置的保险或空开隔离输出后级端子上采集，并通过监测系统在监测机柜（或接口柜）设置的 0.3 A 的保险隔离后再进入绝缘测试组合。

在天窗点内人工启动，通过 1 kΩ（DC）/50 Ω（AC）电阻在电源屏输出端测试电源屏各种输出电源对地漏泄电流值。人工命令多路测试。

- 监测量程：

AC：0～300 mA；

DC：0～10 mA。

- 测量精度：±10%。

七、列车信号机点灯回路电流的监测

在信号机点灯电路始端采样，监测列车信号机的灯丝继电器（DJ，2DJ）工作交流电流。

- 监测方式：站机周期巡测（周期≤2 s）；变化测。

- 监测量程：0～300 mA。
- 监测精度：±2%。
- 采样周期：500 ms。

八、集中式移频监测

1. 站内电码化监测

在发送器（盒）功出端采样，监测站内发送盒功出电压、发送电流、载频及低频频率。

① 监测方式：站机周期巡测（周期≤1 s）；根据轨道占用状态动态测试。

② 监测量程：

- 发送电压：0～200 V（电化区段）；0～50 V（非电化区段）。
- 发送电流：0～5 A。
- 既有移频：

  载频：0～1 000 Hz；

  低频：0～35 Hz；

  频偏：55 Hz。
- ZPW2000 系列和 UM71 制式：

  载频：1 650～2 650 Hz；

  低频：0～30 Hz；

  频偏：11 Hz。

③ 监测精度：

  电压：±1%；

  电流：±2%；

  载频频率：±0.1 Hz；

  低频频率：±0.1 Hz。

④ 采样周期：250 ms。

2. 集中式有绝缘移频自动闭塞监测

在发送器（盒）功出端及接收器（盒）限入端采样，监测发送端功出电压、发送电流、载频及低频频率，以及接收端限入电压、移频频率及低频频率。

① 监测方式：站机周期巡测（周期≤2 s）；根据轨道占用状态动态测试。

② 监测量程：

  发送电压：0～200 V；

  发送电流：0～5 A；

  载频：0～1 000 Hz；

  低频：0～35 Hz；

  频偏：55 Hz；

  接收电压：0～5 V。

③ 监测精度：

电压：±1%；

电流：±2%；

载频频率：±0.1 Hz；

低频频率：±0.1 Hz。

④ 采样周期：250 ms。

3. 集中式无绝缘移频自动闭塞监测

在发送盒（器）功出端、模拟网络电缆侧及接收衰耗器输入端、接收盒（器）输入端采样，监测 ZPW2000 系列、UM71 制式等无绝缘移频轨道电路的区间移频发送器发送电压、电流、载频、低频；区间移频接收器轨入（主轨、小轨）电压，轨出 1、轨出 2 电压、载频、低频；区间移频电缆模拟网络电缆侧发送电压、接收电压、发送电流。

① 监测方式：站机周期巡测（周期≤1 s）；根据轨道占用状态动态测试。

② 监测量程：

• 发送功出电压：0 ~ 300 V。

• 发送电流：0 ~ 1 000 mA。

• 接收电压：轨入电压为 0 ~ 7 V，轨出 1、轨出 2 电压为 0 ~ 3 V。

• 载频：1 650 ~ 2 650 Hz，低频为 0 ~ 30 Hz。

• 模拟网络电缆侧发送电压为 0 ~ 200 V，接收电压为 0 ~ 15 V，发送电流为 0 ~ 2 A。

③ 测量精度：

电压：±1%；

电流：±2%；

载频：±0.1 Hz；

低频：±0.1 Hz。

④ 采样周期：250 ms。

九、半自动闭塞监测

在分线盘半自动闭塞外线、硅整流输出端采样，监测半自动闭塞线路直流电压、电流，硅整流输出电压。

① 监测方式：站机周期巡测（周期≤2 s）；根据闭塞按钮状态变化动态测试并形成电压、电流曲线。

② 监测量程：

电压：±（0 ~ 200）V；

电流：±（0 ~ 500）mA。

③ 测量精度：

电压：±1%；

电流：±1%；

④ 采样周期：100 ms。

十、环境状态的模拟量监测

1. 温度监测

监测信号机械室、电源屏室、微机室的温度。

① 监测方式：站机周期巡测（周期≤1 s）；变化测。

② 监测量程：－10°C～60°C。

③ 测量精度：±1°C。

2. 湿度监测

监测信号机械室、电源屏室、微机室的湿度。

① 监测方式：站机周期巡测（周期≤1 s）；变化测。

② 监测量程：0～100% RH。

③ 测量精度：±3% RH。

3. 民用空调电压、电流、功率监测

在信号机械室、电源屏室、微机室等空调工作电源线处监测民用空调电压、电流、功率。

① 监测方式：站机周期巡测（周期≤1 s）；变化测。

② 监测量程：

交流电压：0～500 V；

电流：0～50 A；

功率：0～25 kW。

③ 测量精度：

电压：±1%；

电流：±2%；

功率：±2%。

十一、防灾异物侵限监测

在分线盘处监测防灾系统与列控系统分界口处接口直流电压。

① 监测方式：站机周期巡测（周期≤1 s）；变化测。

② 监测量程：0～40 V。

③ 测量精度：±1%。

④ 采样周期：250 ms。

十二、站（场）间联系电压监测

在分线盘处监测站（场）间联系线路直流电压、场间联系电压、自闭方向电路电压、区间监督电压。

① 监测方式：站机周期巡测（周期≤1s）；变化测。
② 监测量程：0~200 V。
③ 测量精度：±1%。
④ 采样速率：250 ms。

第二节　开关量监测功能

一、按钮状态、控制台表示状态、关键继电器状态监测

站机周期巡测（周期≤1 s）。下位机采样周期小于等于 150 ms，变化信息存储并自主上发。监测采样点介绍如下：

① 列、调车按钮状态原则上采集按钮的空接点。无空接点时，可从按钮表示灯电路采集；对于列车、调车按钮继电器有空接点的，可从该空接点采集；有半组空接点的，可用开关量采集器采集。其他按钮状态原则上从按钮表示灯电路采集。无表示灯电路时，可从按钮空接点采集。

② 控制台所有表示灯状态从表示灯电路采集。集中式自动闭塞的区间信号机点灯和区间轨道电路占用状态，从移频接口电路采集。

③ 根据系统软件实现监测功能的需要，具体选定功能性关键继电器进行采集。原则上从关键继电器空接点采集；只有半组空接点的，可采用开关量采集器采集；无法从空接点进行采集的关键性继电器，可采用安全、可靠的电流采样方案进行采集。

二、其他开关量监测

① 提速道岔分表示采集，对提速道岔各个转辙机定反位状态进行监测、显示、存储。

② 监测列车信号主灯丝断丝状态并报警。报警应定位到某架信号机或架群。通过智能灯丝报警仪（器）接口获取主灯丝断丝报警等信息，应定位到灯位。

③ 对组合架零层、组合侧面以及控制台的主副熔丝转换装置进行监测、记录并报警。

④ 对 6502 站道岔电路 SJ 第八组接点封连进行动态监测，记录并报警。

⑤ 环境监控开关量监测：对电源室、微机室、机械室等处的烟雾、明火、水浸、门禁、玻璃破碎等报警开关量信息进行采集、记录并报警（具体项目可选）。

第三节　监测系统与其他系统的接口

对于计算机联锁（CBI）、列控中心（TCC）、无线闭塞中心（RBC）、TDCS/CTC、智能电源屏、客专 ZPW2000、有源应答器、计轴、道岔缺口等具有自诊断功能的信号设备，监测

系统通过接口方式获取所需的状态信息和报警信息。接口采用 RS-232、RS-422/485，CAN 或 TCP/IP 方式，增加适当的隔离措施。监测系统与其他系统的接口类型统一，且具有相互认可的确定通信协议。其接口方式、信息内容、准确性、实时性符合《铁路信号集中监测系统技术条件》要求。环境监测功能已经纳入动力环境监控系统中时，监测系统不另行采集，应通过接口获取环境监控信息。

一、计算机联锁接口

计算机联锁电务维护机和监测系统间采用带硬件光电隔离的 RS-422/485 接口，由计算机联锁电务维护机单向发送信息，监测系统接收。也可采用超五类屏蔽网线的以太网连接，两端采用 RJ45 接口（网口），使用 TCP/IP 通信协议。计算机联锁系统与监测系统的通信周期不大于 1 s，维修机采样周期小于或等于 150 ms，变化信息存储并上发。

计算机联锁电务维护机向监测系统发送的信息包括以下内容：

① 道岔：定位表示、反位表示、总定位、总反位、道岔总锁、道岔单锁、道岔单解、道岔单操、道岔单封、心轨单操、尖轨单操。

② 轨道：轨道占用、轨道锁闭、区段锁闭。

③ 信号机：灭灯、绿灯、红灯、黄灯、引导白灯、双绿、绿黄、双黄、黄闪黄、调车白灯、白闪、红闪、黄闪、绿闪、断丝闪灯。

④ 其他按钮：故障通知、总人解、总取消、事故解锁、列车按钮，调车按钮、灭灯按钮、点灯、关灯、按钮单封（戴帽）状态、接车辅助、发车辅助、总辅助、允许改方（或允许反向）等按钮。

⑤ 报警信息：轨道停电、挤岔、主灯丝断丝、灯丝断丝、排架熔丝报警、移频报警、计算机联锁控显机故障报警、联锁输入板故障报警、联锁 CPU 板故障报警、联锁输出板故障报警、主备机故障、联锁与列控通信故障、联锁与 TDCS/CTC 接口故障等报警。

⑥ 其他表示灯：主副电源灯、区间监督、接车表示灯、发车表示灯、自律模式、允许转为自控、非常站控。

⑦ 设备状态：联锁设备（板级）状态、A/B 机状态、联锁与列控通信状态、联锁与 TDCS/CTC 通信状态、主备机同步状态。

二、列控中心系统接口

列控中心系统维修机与监测系统之间通过 RJ45 方式接口，列控中心维修机侧增加隔离措施及防病毒措施。列控中心与监测系统的通信周期不大于 1 s，采样周期小于等于 500 ms，变化信息存储并上发。

微机监测系统从车站列控中心接收信息，共 7 种数据报文，分别为：车站列控中心状态、接发车进路信息记录报文、进站信号机降级显示命令报文、临时限速命令记录报文、临时限速执行结果记录、临时限速设置失败记录、发送给 LEU 的报文记录。微机监测系统每 1 秒钟从车站列控中心接收"车站列控中心状态"信息 1 次，用于监测列控中心运行状态，同时也利用该报文判断与车站列控中心的通信状态。除"车站列控中心状态"信息外的其他 6 种报文，发送方式为"即时生成，即时发送"，每个记录报文发送 2 次。

列控中心向监测系统发送的信息包括以下内容：

（1）列控平台设备工作状态和系统通信接口状态

① 各类硬件板卡状态；

② TCC 与各子系统（联锁、CTC、TSRS、邻站 TCC）通信接口状态。

（2）列控业务接口信息

① 联锁接口进路、改方、信号降级；

② CTC/TSRS 接口临时限速；

③ 邻站 TCC 边界、改方；

④ 区间区段空闲、占用码位；

⑤ 区间线路方向状态、站内区段方向状态、 灾害防护继电器状态；

⑥ 区间信号点灯状态：灭灯、红灯、绿灯、黄灯、绿黄。

（3）列控控制输出结果信息

① 轨道电路编码；

② 有源应答器报文编码；

③ 继电器驱动输出（方向驱动、区间点灯驱动）。

（4）列控维护报警信息

具体包括：硬件平台各板卡故障报警、A/B 机工作异常报警、A/B 机主备状态及同步状态、与联锁接口报警、与 TDCS/CTC 接口报警、与邻站列控中心接口报警、与 ZPW2000 接口报警、与 LEU 接口报警、LEU 应答器异常报警。

三、客专 ZPW2000 系列轨道电路接口

客专 ZPW2000 维修终端与监测系统站机之间通过 RJ45 方式接口，其 IP 地址由监测系统统一分配。ZPW2000 维修终端侧应增加隔离措施及防病毒措施，确保运行稳定。防病毒软件在新建工程实施时与监测系统统一规划、统一实施、统一升级。

ZPW2000 维修终端与监测系统的通信周期不大于 1 s，采样周期小于等于 250 ms，变化信息存储并上发。

ZPW2000 维修终端向监测系统发送的信息包括以下内容：

（1）设备状态

① 客专通信编码 2000 区段主备 CI-TC 轨道电路通信盘：

• CAN A，CAN B，CAN C，CAN D，CAN E 接口通信状态；

• 通信盘设备工作状态。

② 客专通信编码 ZPW2000 区段主备发送器设备：

• CAN D，CAN E 接口通信状态；

- 设备工作状态（ZFS，BFS）。

③ 客专通信编码 ZPW2000 区段接收器设备：

- CAN D，CAN E 接口通信状态；

- 设备工作状态。

④ 既有继电编码 ZPW2000 区段设备状态：FS24，FBJ，JS24，JBJ，ZFJ，FFJ 状态。

（2）区段占用状态

包括主轨道状态、小轨道状态。

（3）客专通信编码 ZPW2000 区段接收 TCC 编码控制命令

包括主轨道载频编码、小轨道载频编码、主轨道低频编码、小轨道低频编码。

（4）维护报警信息

① CI-TC 通信盘与轨道电路监测维护终端通信中断；

② CI-TC，FS，JS 设备通信接口状态和工作状态异常报警；

③ 小轨道报警、轨道区段报警信息。

（5）模拟量信息

① 区间移频发送器发送电压、电流、载频、低频；

② 送端电缆模拟网络电缆侧电压、电流、载频、低频；

③ 受端电缆模拟网络电缆侧主轨道电压、载频、低频，小轨道电压、载频、低频；

④ 受端电缆模拟网络设备侧（轨入）主轨道电压、载频、低频，小轨道电压、载频、低频；

⑤ 接收入口（轨出）主轨道电压、载频、低频，小轨道电压、载频、低频；

⑥ 道床电阻（无砟轨道区段监测系统暂不显示，有砟轨道区段监测系统显示）。

四、TDCS/CTC 接口

微机监测系统与 CTC 系统之间的通信，通过 CTC 车站子系统的电务维护终端与信号微机监测系统的站机互联实现。CTC 向信号微机监测系统提供信息，信号微机监测系统不为 CTC 提供信息。CTC 与监测系统的通信周期不大于 1 s。维修机开关量采样周期小于等于 150 ms，变化信息存储并上发。

电务维护终端和微机监测站机之间采用带光电隔离的 RS-422 串行接口连接，双绞四线制，异步全双工方式，均使用 RS-232D 型插件、孔型插座。管脚定义如下：

1——通信线 1A（TD+）；

2——通信线 1B（TD－）；

3——通信线 2A（RD+）；

4——通信线 2B（RD－）；

5——地；

6~9——预留。

CTC 向信号微机监测系统提供的信息包括以下内容：

（1）传输站场表示信息

微机监测车站机每隔 1 分钟向电务维护终端请求站场表示信息，电务维护终端则把全部站场表示信息传输给微机监测车站机。两次请求之间，若站场表示信息变化，电务维护终端自动把当前变化的站场表示信息传输给微机监测车站机。站场表示信息的基本内容为：

① 信号状态：绿、黄、绿黄、双黄、双绿、黄闪黄、红白、红、蓝、白、白闪、红闪、黄闪、绿闪、断丝。

② 道岔状态：定位表示、反位表示、（四开）挤岔、单锁、单封。

③ 区段状态：占用、锁闭、空闲。

④ 按钮状态：按钮的表示灯、非自复式按钮的抬起和按下状态、单封。

⑤ 表示灯状态：延时表示、区间闭塞、非进路、机务段、场间联系、驼峰联系等结合电路表示灯的稳定和闪烁显示。

⑥ 各类报警信息：继电设备和计算机联锁设备的报警信息，其中联锁系统的报警信息包括轨道停电、熔丝报警、灯丝报警、信号故障关闭等信息。

（2）通信状态监视

由微机监测车站机负责，当通信中断时，负责重新连接。

① 设备状态：A/B 机标志、与联锁通信状态、与列控通信状态、自身设备状态。

② 接口报警：A/B 机工作异常报警、与联锁 A 机通信中断报警、与联锁 B 机通信中断报警、与列控 A 机通信中断报警、与列控 B 机通信中断报警、无线调度命令转接器通信中断报警；自身板卡故障报警。

五、智能电源屏接口

智能电源屏通过 RS-485 接口与监测站机通信，如图 3.3.1 所示。接口采用硬件光电隔离。电源屏内的监测单元周期性地采集屏内传来的各类信息，并向微机监测设备传送信息。UPS 信息由智能屏采集后通过统一的 RS-485 接口传送给监测系统。

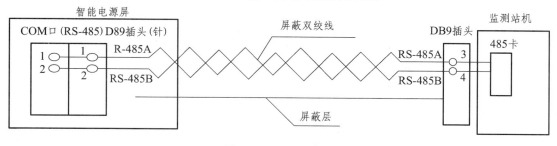

图 3.3.1 UPS 电源

通过接口传送给监测系统的信息包括以下内容：

（1）智能电源屏

① 智能电源屏模块状态信息：交流接触器闭合、断开状态，模块工作/备用状态，模块通信正常/中断状态，模块工作/保护状态，模块正常/故障状态。

② 模拟量监测内容：各电源屏输入电压、电流，各种电源屏每路输出的 25 Hz 电源输出电压、频率、相位角。

报警信息：交流输入停电、系统输入停电、电源输出支路断电、系统输出空开故障。

（2）UPS 电源

① 模拟量监测内容：UPS 输入相电压、电流、频率、功率，UPS 电池组电压、旁路相电压。

② UPS 后备时间或后备容量，UPS 输出电压、频率、功率、峰值比（可选项）。

③ UPS 报警信息：UPS 交流输入停电、系统输入停电、UPS 输出断电、UPS 故障、UPS 告警。

六、无线闭塞中心 RBC 系统接口

无线闭塞中心 RBC 系统通过接口服务器与集中监测系统的 RBC-CSM 接口服务器接口。连接方式如图 3.3.2 所示。监测系统显示并记录 RBC 的设备运行状态、RBC 与其他系统的设备连接状态、司法记录器的状态信息、RBC 报警信息。

接口要求：

① RBC 应向 CSM 发送所有的内外部接口状态。

② RBC 在线单元应向 CSM 发送数据消息。

③ 若 RBC 接收来自 CSM 的连接检查消息，则 RBC 应向 CSM 发送连接状态消息。

④ RBC 应能响应来自 CSM 的状态请求命令。

⑤ RBC 的主备系都应向 CSM 发送连接状态信息。

⑥ 若 RBC 与 CSM 之间的连接关闭，则 RBC 应仅能接收来自 CSM 的建立连接消息来建立连接。

⑦ 若 RBC 接收来自 CSM 的连接检查消息，或发生接口服务器或 RBC 主备切换，则 RBC 应向 CSM 发送连接状态消息。

⑧ 若 RBC 从 CSM 接收的消息包含反馈请求，则 RBC 应在要求的时间内向 CSM 发送一条包含反馈码的反馈消息。

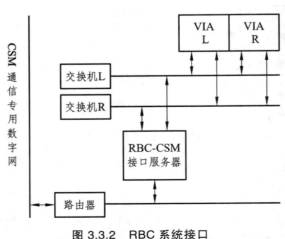

图 3.3.2　RBC 系统接口

七、灯丝报警接口

监测系统与智能灯丝报警仪采用 4 芯屏蔽电缆连接,两端采用 DB9 接口(CAN 口),使用 CAN 总线通信协议;也可用采用超五类屏蔽网线的以太网连接,两端采用 RJ45 接口(网口),使用 TCP/IP 通信协议;由信号集中监测系统网络交换机连接至智能灯丝报警仪。智能灯丝报警仪与监测系统的通信周期≤1 s,变化信息存储并上发。

监测系统接收的信息为:

① 定位到灯位的灯丝断丝报警及主灯丝断丝等报警信息。

② 智能灯丝报警仪设备的工作正常、故障状态。

③ 智能灯丝报警仪与外部设备通信状态。

④ 智能灯丝报警仪工作及通信异常的报警信息。

八、动力环境监控系统接口

监测系统站机与动力环境监控系统主机采用 4 芯屏蔽电缆连接,两端采用 DB9 接口(串口),使用 RS-422 通信协议;也可采用超五类屏蔽网线的以太网连接,两端采用 RJ45 接口(网口),使用 TCP/IP 通信协议;由监测系统网络交换机连接至动力环境监控系统主机。

监测系统接收的信息为:

① 相关监控的实时信息:温度、湿度、门禁、水浸、烟雾、空调、明火、玻璃破碎等实时信息。

② 环境监控设备及内部模块的工作正常、故障状态。

③ 环境监控设备与外部设备的通信状态。

④ 报警信息:温度、湿度、门禁、水浸、烟雾、空调、明火及玻璃破碎报警信息,环境监控设备及内部模块的工作及通信异常、与外部设备的通信异常报警信息。

九、安全监督管理信息系统接口

1. 信息共享原则

① 信号集中监测系统与安全监督管理信息系统在铁路局层面实现信息共享。

② 信号集中监测系统向安全监督管理信息系统提供 7 类报警信息。

③ 在信号集中监测系统配置与安全监督管理信息系统接口服务器,接口方式采用网闸和防火墙进行安全隔离,其硬件和软件费用纳入安全监督管理信息系统建设项目。

④ 设备维护分工:集中监测接口服务器由电务部门负责维护管理;接口服务器之外,包括从信号集中监测中心至安全监督管理信息系统中心之间的通道,由安全监督管理信息系统维护单位负责维护管理。

⑤ 各个铁路局统一由一家信号集中监测研发单位负责开发服务器相应软件,并完成其他监测厂家监测系统的报警信息传送。

2. 信息共享内容

根据安全监督管理信息系统的信息共享需求,将运基信号〔2010〕709号文件中规定的信号集中监测系统共7类报警信息接入安全监督管理信息系统。

接入的数据项包括:监测点、报警信息类型、报警时间、恢复时间、监测对象以及状态说明。其中,不同的报警信息类型对应的监测对象及状态说明如表3.3.1所示。

表 3.3.1　报警信息类型与监测对象及状态说明对应表

序号	报警级别	报警信息类型	监测对象及状态说明
1	一级	挤岔报警	道岔名称
2	一级	故障通知按钮报警	设备道岔名称为"故障通知"
3	一级	火灾报警	设备名称
4	一级	防灾异物侵限报警	轨道区段名称
5	二级	外电网输入电源断相/断电报警	外电网Ⅰ路、Ⅱ路
6	二级	外电网三相电源错序报警	外电网Ⅰ路、Ⅱ路
7	二级	外电网输入电源瞬间断电报警	外电网Ⅰ路、Ⅱ路

3. 接入方式

由于集中监测系统与联锁设备紧密相连,为确保信号系统安全,与外部接口参照调度指挥系统 T/D 结合模式,在既有集中监测专网和铁路综合 IT 网之间,通过增设隔离网匣和防火墙方式,实现数据安全传输。

在铁路局集中监测专网内设置监测与安全监督管理系统接口服务器,集中监测研发单位对其进行配置并将接口服务器程序进行部署安装。利用该接口服务器从铁路局信号集中监测系统中收集监测报警数据,并按接口协议生成数据接口文件,采用 IBM MQ 通信方式将数据接口文件传送到安全监督管理信息系统局级系统服务器。接口方案如图 3.3.3 所示。

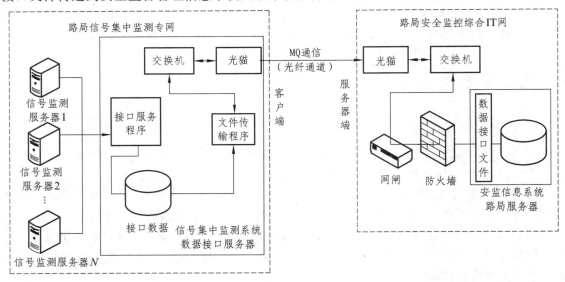

图 3.3.3　路局级接口示意图

第四节　监测系统的安全要求

一、监测系统采集项目的安全目标

① 采集设备与被测设备之间必须采用良好的电气隔离措施，任何情况下不得影响被监测设备的正常工作，符合故障-安全原则。

② 监测系统应满足原铁道部颁布的铁路信号设备雷电及电磁兼容综合防护的相关规定。

③ 采集器以及采集板卡必须具有良好的阻燃性和电气特性，不能产生火、毒、高温、电、辐射等影响人身安全的故障。

④ 监测系统内部安全分级为第一等级的采集项目，参照机械室内继电电路器材设备的耐压防护等级，设备绝缘耐压≥AC 3 000 V。

⑤ 监测系统内部安全分级为第二、三等级的采集项目，设备绝缘耐压≥AC 1 200 V。

为保证采集设备不影响被监测设备，传感器（或隔离设备）输入阻抗应大于 R（R = 输入量程 × 500），取样电流不大于 DC 1 mA。

二、监测系统采集项目的采样线性标准

监测系统的采集项目所用的采样连接线标准如表 3.4.1 所示。

表 3.4.1　采集项目采样线标准

配线名称	推荐型号
绝缘采集配线	0.4 mm² 阻燃软线，型号为 ZR.RV0.4（23/0.15）
漏流采集配线	0.75 mm² 阻燃软线，型号为 ZR.RV0.75（42/0.15）
交流转辙机电压采集配线	0.4 mm² 阻燃软线，型号为 ZR.RV0.4（23/0.15）
交流转辙机电流穿芯采集线	与原定型组合内部配线型号一致
传感器输出配线	0.4 mm² 阻燃软线，型号为 ZR.RV0.4（23/0.15）； 0.2 mm² 阻燃护套线
直流道岔电流穿芯采集线	与原定型组合内部配线型号一致
道岔表示电压采集线	0.75 mm² 双绞塑胶阻燃软线，型号为 ZR.SRV2×0.75（42/0.15）
轨道电压采集线	0.4 mm² 阻燃软线，型号为 ZR.RV0.4（23/0.15）
移频发送电压采集线	双绞屏蔽软线（ZR_RVVSP　2×12×0.15）
移频发送电流采集线	与原移频功出线配线型号一致
移频接收电压采集线	双绞屏蔽软线　（ZR_RVVSP 2×12×0.15）

配线名称	推荐型号
信号机电流采集线	与原信号机点灯去线配线一致
半自动闭塞采集	电压采集使用 0.4 mm² 阻燃软线，型号为 ZR.RV0.4（23/0.15）；电流采集线与原配线相同的型号
外电网质量采集	0.75 mm² 阻燃软线，型号为 ZR.RV0.75（42/0.15）
熔丝报警采集	0.4 mm² 阻燃软线，型号为 ZR.RV0.4（23/0.15）
422/232 通信线	2 芯线使用双芯 0.4 mm² 对绞屏蔽线，型号为 SRVVP2×0.4（23/0.15）；4 芯线使用 4 芯 0.4 平方屏蔽线，型号为 RVVP4×0.4（23/0.15）
CAN 通信线	双芯 0.4 mm² 对绞屏蔽线，型号为 SRVVP2×0.4（23/0.15）
12 V 电源线	组合架（柜）间电源线采用不小于 1 mm² 阻燃软线，模块内部环线采用不小于 0.4 mm² 阻燃软线
5 V 电源线	组合架（柜）间电源线采用不小于 0.75 mm² 阻燃护套线，模块内部环线采用不小于 0.4 阻燃软线
网线	超 5 类屏蔽网线
机柜 220 V 电源输入线	使用阻燃护套线，线径不得小于 2.5 mm²

三、监测项目的安全等级

监测系统实现了对电源屏、轨道电路、道岔、信号机等信号设备的监测，将所有采集项目分成三个安全等级。

1. 第一等级的采集项目

第一等级的采集项目是直接与分线盘相连的电压采集项目，且信号设备本身没有防护措施，安全性要求最高。这类采集项目有：道岔表示电压、绝缘测试（道岔部分）。

2. 第二等级的采集项目

第二等级的采集项目是与被监测设备直接连接的室内采集项目，但信号设备本身具有防护措施，其安全性要求次之。这类采集项目有：

① 外电网输入相电压、线电压。

② 电源屏输入电压、输出电压。

③ 电源对地漏泄电流测试。

④ 交流连续式轨道电路轨道继电器交流电压、直流电压。

⑤ 25 Hz 相敏轨道电路电压。

⑥ 高压不对称接收端波头、波尾有效值电压，峰值电压，电压波形。

⑦ 移频电码化和移频发送、接收电压。

⑧ 半自动闭塞线路电压监测。

⑨ 站间联系电压。

⑩ 防灾异物侵限电压。

⑪ 交流转辙机动作功率。

⑫ 电缆绝缘测试（不含道岔电缆）。

⑬ 6502 站 SJ 封连报警。

3. 第三等级的采集项目

第三等级的采集项目指实施可靠的监测项目，实现方案比较成熟，基本采用半组接点、电流互感器采样，或采用全空接点（光耦隔离）采样，不存在安全性问题。这类采集项目有：

① 外电网输入电流（监测自采集）。

② 电源屏输出电流（监测自采集）。

③ 由智能电源屏接口而来的电源屏输出电压、电流。

④ 驼峰 JWXC-2.3 轨道继电器工作电流。

⑤ 计算机连锁、列控中心、TDCS/CTC、智能电源屏、ZPW2000、有缘应答器、计轴、环境监测等接口。

⑥ 直流转辙机动作电流（包括驼峰 ZD7、ZK4）。

⑦ 交流转辙机动作电流。

⑧ 列车信号机点灯回路电流。

⑨ 半自动闭塞线路电流。

⑩ 环境监测各模拟量和开关量。

⑪ 1DQJ 状态。

⑫ 熔丝报警。

⑬ 控制台按钮和表示灯。

第五节　监测系统故障报警

监测系统根据设备故障性质产生三类报警和预警。

一、一级报警

（一）报警信息及方式

一级报警指涉及行车安全的信息报警，包括：道岔挤岔报警、列车信号非正常关闭报警、火灾报警、故障通知按钮使用报警、防灾异物侵限报警、SJ 锁闭封连报警（仅限于6502 站）。

其报警方式是声光报警，人工确认后停止报警，并通过网络上传到各级终端。

（二）报警及恢复条件

1. 挤岔报警

① 报警条件：

6502 电气集中车站：控制台道岔挤岔灯亮，某组道岔定、反位均由有表示变为无表示，对应道岔区段占用，并且超过 13 秒，则报警。

微机联锁车站：道岔定、反位均无表示（或者联锁系统送对应道岔的挤岔报警信息），对应道岔区段占用，并且超过 13 秒，则报警。

② 恢复条件：

挤岔报警后，只要定位表示和反位表示有一项恢复，则报挤岔恢复。

2. 列车信号机非正常关闭报警

① 报警条件：

列车信号正常关闭的两种情况：① 列车信号关闭时，如果对应的总人解、总取消按钮按压过，且其始端按钮按压过，则信号是正常关闭；② 列车信号关闭时，如果该信号机的接近区段和内方第一区段曾经占用过，则信号是正常关闭。其他情况则提示信号非正常关闭报警。

② 恢复条件：无。

3. 故障通知按钮报警

① 报警条件：

当检测到故障通知按钮开关量状态成立时，则提示报警，记录报警时间。电务人员点击确认按钮后，故障通知受理成功，记录受理时间。

② 恢复条件：

报警发生后，故障通知按钮开关量状态不成立，报警恢复，记录恢复时间。报警恢复后，电务人员填写故障通知原因，并提交。

4. 火灾报警

① 报警条件：

监测系统自行采集时：当同时存在明火报警和烟雾报警达到 10 秒钟时，提示为火灾报警。与智能系统接口时：发生火灾报警时，智能系统将报警信息传送给集中监测系统。

② 恢复条件：无。

5. 防灾异物侵限报警

防灾异物侵限报警由列控接口传输给集中监测系统。

① 报警条件：

车站列控中心维护机往车站集中监测系统传输报警发生信息，集中监测系统收到报警发生信息时，报警内容中增加对应电压值。

② 恢复条件：

车站列控中心维护机往车站集中监测系统传输报警恢复信息。

6. SJ 锁闭封连报警（仅限于 6502 车站）

SJ 锁闭封连报警由监测采集机以报警开关量的方式发送给集中监测系统。

① 报警条件：

报警开关量状态成立时，报警。其中，对于非进路、防护/带动道岔、局部控制、中间出岔等特殊情况，监测系统单独记录，但不报警；其余道岔的 SJ 封连报警既要报警，也要记录。

② 恢复条件：

报警发生后，对应报警开关量状态不成立时，报警恢复。

二、二级报警

（一）报警信息及方式

二级报警指影响行车或设备正常工作的信息报警，包括：外电网输入电源的断相、断电、错序及瞬间断电报警，电源屏输出断电报警，智能电源屏报警，列车信号主灯丝断丝报警，熔丝断丝报警，转辙机表示缺口超标报警，道岔无表示报警，ZPW2000 系统报警，TDCS/CTC 系统报警，列控系统报警，计算机联锁系统报警，环境监测危险报警。

其报警方式为声光报警，报警后延时适当时间自动停报，并通过网络上传到各级终端。

（二）报警及恢复条件

1. 外电网输入电源断相/断电报警

外电网输入电压（含三相及单相电源）低于额定值的 65%，且超过 1 000 ms 时，断相/断电报警由综合采集机或者智能采集器以报警开关量的方式送给集中监测系统。

① 报警条件：报警开关量状态成立，则报警。

② 恢复条件：报警发生后，若该开关量状态不成立，则恢复。

2. 外电网三相电源错序报警

当三相电源之间夹角超出（120°±2°）时，错序报警由综合采集机或智能采集器以报警开关量的方式送给集中监测系统。

① 报警条件：报警开关量状态成立，则报警。

② 恢复条件：报警发生后，若该开关量状态不成立，则恢复。

下位机报警要求：当出现断相时，只报断相，不能报错序。只有在三相电源都有的情况下才能报错序。

3. 外电网输入电源瞬间断电报警

对于三相电源的车站，输入电压低于额定值的 65%，时间超过 140 ms，但不超过 1 000 ms

时，瞬间断电报警由综合采集机或者智能采集器以报警开关量的方式送给集中监测系统。对于非三相电源的车站，无瞬间断电报警。

① 报警条件：报警开关量状态成立，则报警。

② 恢复条件：报警发生后，若该开关量状态不成立，则恢复。

4. 电源屏输出断电报警

① 报警条件：电源屏输出电压低于额定值的 65%，且时间超过 1 s 时，报警发生。

② 恢复条件：报警发生后，对应输出电压恢复正常，报警恢复。

5. 列车信号机主灯丝断丝报警

（1）对于非智能型灯丝报警单元

① 报警条件：根据综合采集机送来的咽喉号和灯丝电阻的测量值判断出是哪一架信号机报警。

② 恢复条件：报警发生后，根据采集机的数据得到恢复时间。

（2）对于智能型灯丝监测单元

通过单独 CAN 通信分机（或串口通信分机）的方式采集信号机主副丝断丝转换报警。

① 报警条件：根据采集分机送来的咽喉号和序号判断出是哪一架信号机的哪个灯位报警。

② 恢复条件：报警发生后，根据分机送上来的咽喉号和序号判断出是哪一架信号机的哪个灯位报警恢复。

（3）对于微机联锁给集中监测系统传输灯丝断丝报警信息

此时，以报警开关量为准。

① 报警条件：报警开关量状态成立，则报警。

② 恢复条件：报警发生后，报警开关量状态不成立，则恢复。

6. 熔丝断丝报警

熔丝采集来自综合采集机，综合采集机以报警开关量的方式上传给集中监测系统。

① 报警条件：采集的开关量状态成立，则报警。

② 恢复条件：报警发生后，开关量状态不成立，则恢复。

7. 转辙机表示缺口报警

转辙机表示缺口报警来自智能接口系统。

① 报警条件：智能接口系统给集中监测传输报警信息。

② 恢复条件：报警发生后，智能采集系统给集中监测传输报警恢复信息。

8. 环境监测温度、湿度、明火、烟雾、玻璃破碎、门禁、水浸等报警

（1）温度、湿度报警

① 报警条件：收到新的数据后，判断是否在设定的范围内，高于上限则超高报警，低于下限则超低报警。

② 恢复条件：报警发生后，收到的新数据如果在设定的范围内，则报警恢复。

（2）明火报警

① 报警条件：明火传感器开关量状态成立，并且持续时间超过 10 s，则报警。

② 恢复条件：报警发生后，明火开关量状态不成立，则恢复。

（3）烟雾报警

① 报警条件：烟雾报警传感器开关量状态成立，并且持续时间超过 10 s，则报警。

② 恢复条件：报警发生后，烟雾开关量状态不成立，则恢复。

（4）玻璃破碎报警

① 报警条件：玻璃破碎报警传感器开关量状态成立，并且持续时间超过 10 s，则报警。

② 恢复条件：报警发生后，玻璃破碎开关量状态不成立，则恢复。

（5）门禁报警

① 报警条件：将门禁红外传感器安装在机械室的入口处检测人的进入。当检测到有人进入时，喇叭鸣叫，并将开关量状态传输给集中监测系统，上位机同时查看 1 min 之内是否有按键信息输入，若没有则报警。

② 恢复条件：无。

（6）水浸报警

① 报警条件：水浸报警传感器开关量状态成立，并且持续时间超过 10 s，则报警。

② 恢复条件：报警发生后，水浸开关量状态不成立，则恢复。

9. 计算机联锁报警

主要包括联锁自身设备状态报警、联锁与其他智能系统间的通信报警。联锁系统以开关量报警的方式将对应设备报警发送给集中监测系统。

① 报警条件：报警开关量状态成立，则报警。

② 恢复条件：报警发生后，若报警开关量状态不成立，则恢复。

10. 列控系统报警

主要包括列控自身设备状态报警、列控与其他系统间的通信报警。列控系统直接将报警信息发送给集中监测系统。

① 报警条件：收到列控系统发送过来的报警发生信息，则报警。

② 恢复条件：收到列控系统发送过来的报警恢复信息，则恢复。

11. ZPW2000 系统报警

主要包括 ZPW2000A 系统自身设备状态报警、ZPW2000A 与其他系统间的通信报警。ZPW2000A 系统直接将报警信息发送给集中监测系统。

① 报警条件：收到 ZPW2000A 系统发送过来的报警发生信息，则报警。

② 恢复条件：收到 ZPW2000A 系统发送过来的报警恢复信息，则恢复。

12. TDCS\CTC 系统报警

主要包括 TDCS\CTC 系统自身设备状态报警、TDCS\CTC 与其他系统间的通信报警。TDCS\CTC 系统直接将报警信息发送给集中监测系统。

① 报警条件：收到 TDCS\CTC 系统发送过来的报警发生信息，则报警。

② 恢复条件：收到 TDCS\CTC 系统发送过来的报警恢复信息，则恢复。

13. 道岔无表示报警

通过检查相应道岔的定、反位表示和 1DQJ 的条件来处理报警。

① 报警条件：满足下列条件之一，就报警。

• 若 1DQJ 没有动作，对应道岔的定位表示、反位表示码位都没有；

• 若 1DQJ 动作，对应道岔的定位表示、反位表示码位超过 40 s 都没有。

② 恢复条件：报警发生后，对应道岔的表示状态恢复，则恢复。

14. 智能电源屏报警

主要包括智能电源屏系统自身设备状态报警及供电情况报警。智能电源屏系统以开关量的方式将报警信息发送给集中监测系统。

① 报警条件：报警开关量状态成立，则报警。

② 恢复条件：报警发生后，报警开关量状态不成立，则恢复。

三、三级报警

（一）报警信息及方式

三级报警指信号设备电气特性超限或其他报警，包括各种模拟量的电气特性超限报警，监测系统与 TDCS、计算机联锁、列控中心、智能电源屏等系统通信接口故障报警，轨道长期占用报警（暂按占用超过 72 小时后报警），监测系统采集板、智能采集器通信故障报警。

其报警方式为红色显示报警，电气特性恢复正常后自动停报，可通过网络上传到车间或工区终端。

（二）报警及恢复条件

1. 各种模拟量的电气特性超限报警

① 报警条件：收到新的数据后，判断是否在设定的范围内，高于上限则超高报警，低于下限则超低报警。

② 恢复条件：报警发生之后，收到的新数据如果在设定的范围内，则报警恢复。

轨道电压和移频接收区分调整和分路报警，轨道相位角仅在调整状态报警。道岔表示电压中，定位电压对应定位状态，反位电压对应反位状态。

2. 轨道长期占用报警（暂按占用超过 72 小时后报警）

轨道长期占用报警主要针对站内区段。

① 报警条件：轨道连续占用 72 小时后开始报警，之后每隔 24 小时循环报警一次。

② 恢复条件：报警发生之后，轨道出清，立刻报警恢复。

3. 监测系统与计算机联锁、TDCS/CTC、列控中心、ZPW2000、智能电源屏（UPS）、智能灯丝等系统通信接口故障报警

① 报警条件：集中监测系统与对应智能系统通信中断时，则报警。

② 恢复条件：报警发生后，通信恢复则报警恢复。

4. 监测系统与采集机通信故障报警

① 报警条件：集中监测与对应采集机通信中断时，则报警。

② 恢复条件：报警发生后，通信恢复则报警。

5. 监测系统与智能采集器通信故障报警

由对应的智能采集器以开关量报警的方式上送给集中监测系统。

① 报警条件：报警开关量状态成立时，则报警。

② 恢复条件：报警发生后，报警开关量状态消失，则报警恢复。

四、预　警

（一）预警信息及方式

监测系统根据信号设备电气特性变化趋势、状态及运用趋势等进行逻辑判断并预警，如模拟量变化趋势预警、道岔运用次数超限预警等。

预警显示为蓝色。预警信息通过网络上传到车间或工区终端。

（二）预警及恢复条件

1. 各种设备模拟量变化趋势、突变、异常波动预警

（1）变化趋势预警

① 预警条件：模拟量平均值在一段时间内（7 天），变化幅度超过一定数值，则报趋势变化预警

② 无恢复条件：无。

（2）突变预警

① 预警条件：模拟量突然变化（3 s 内），变化幅度超过一定数值，且不超过上下限，则报突变预警。

② 无恢复条件：无。

（3）异常波动预警

① 预警条件：模拟量日报表中，当天最大值与最小值差距超过一定数值时，则报异常波动预警。

② 无恢复条件：无。

2. 道岔运用次数超限预警

预警条件：当累计道岔运用的次数大于或等于设定的次数限制时，预警提示。

复习思考题

1. 外电网监测在哪里采样？外电网监测哪些条件下会报警？

2. 列车信号机非正常关闭报警条件是什么？

3. 信号集中监测系统测试哪些电源对地的漏泄电流？

4. 电源屏监测哪些项目？在什么位置采样？

5. 交流转辙机包括哪几种类型？监测哪些项目？

6. 信号集中监测系统测试哪些信号电缆的绝缘？

7. 信号集中监测系统测试哪些模拟量？

8. 信号集中监测系统通过接口方式能获得哪些设备的状态信息和报警信息？

9. 计算机联锁监测哪些内容？采用哪种接口方式？

10. 无线闭塞中心 RBC 系统与监测系统接口有哪些要求？

11. 安全监督管理信息系统与监测系统信息共享原则有哪些？

12. 监测系统采集项目的安全目标有哪些？

13. 信号集中监测系统一级报警包括哪些信息？

14. 信号集中监测系统二级报警包括哪些信息？

15. 信号微机监测系统三级报警包括哪些信息？

16. 属于第一安全等级的采集项目有哪些？具有什么特点？

第四章

车站监测设备及采集原理

车站监测设备是信号集中监测系统的基础部分,包括监测站机(工控机、显示器)、采集设备、UPS 电源、现场总线控制模块、组网设备和接口设备等。它们负责数据的采集、分类、处理和存储,实现车站信号设备和区间信号设备的实时监测,故障分析、诊断和显示,以及人机对话等功能。

第一节　车站主机

车站主机(简称站机)是信号集中监测系统的核心,它负责监测系统所需开关量、模拟量、报警信息、环境数据、视频信息的收集、分类、逻辑分析处理、报警输出、数据统计汇总和存储回放等功能,并提供了人性化的人机交互界面,以图形、列表及曲线等方式给电务维护人员提供最有价值的维修状态信息,同时接收用户数据以及指令的输入,实现实时、交互式的浏览和查询。

另外,站机作为基层采集和执行单元,和电务段监控中心及各级监测终端系统进行通信。通信方式采用 TCP/IP 协议。站机将车站实时的数据和报警传送到上层,并接受上级(领工区、电务段、电务处)的控制命令,然后驱动外围控制单元实现环境等设备的控制功能。

一、基本配置

站机采用 IPC 工业控制机,单核 CPU 主频不应低于 3.4 GHz,双核 CPU 单颗主频不低于 2.4 GHz;内存容量不应低于 2 GB,硬盘容量不应低于 160 GB;配有声卡和音箱等;显示器不小于 19 英寸(1 024×768 或以上)。站机内主要的通信板卡介绍如下:

(一)CAN 卡

CAN 卡是安装在监测站机上的 CAN 总线通信设备,采集机配备 CAN 控制器,站机与采集机用双绞线作总线连接。如图 4.1.1 所示,中断号设置跳线在 CAN 卡右下角。目前监测系统的 CAN 卡中断号通常设置为 11，对应的跳线应跳在 IRQ11 上。CAN 卡中间的地址拨键和右边的通信匹配跳线一般保持默认状态不动。

图 4.1.1   CAN 卡

软件方面，站机安装运行 CAN 通信程序，支持 CAN 卡工作，采集机巡回向站机输入数据或站机向采集机单要数据。CAN 总线为主从应答式结构，分机按主机指令工作，主机向哪个分机要数据，哪个分机传送数据，其余等待。这种工作模式具有较高的工作效率，尽可能少占用 CPU 的时间。采集机作为 I/O 处理机，只负责数据采集，并以状态加序号的形式向主机提供。根据数据表现形式的不同，数据包采用相应的格式，但数据内容由主机根据静态配置文件解释。

通信协议分为物理层、数据链路层、传输层和应用层。其中物理层和数据链路层采用 CAN 现场总线协议，通信速率为 250 kbps。传输层采用专用的数据包传输协议，在应用层详细监测命令及数据的格式和应用程序的接口。

通信协议优势：

① 有主从、主动数据发布两种数据交换模式。

② 有数据包缓冲、数据队列两种数据接收方式。

③ 协议可容纳 1 台主机和 32 台从机共计 33 个节点。

④ 命令长度为 8 B。

⑤ 应答数据包最长 64 KB（实际受限于缓冲区）。

⑥ 自主数据包长度为 8 B。

⑦ 数据接收使用硬件滤波，但兼收从机数据的从机必须使用软件滤波。

⑧ 每类数据具有两个优先级。

（二）摩莎卡

摩莎卡是串口通信卡。常用的摩莎卡为 4 串口卡，其输入有 485 方式和 422 方式两种，可通过板卡上的跳线拨键来设置。如图 4.1.2 所示，左上角的两组拨键即用于设置 4 个串口的通信方式，每个串口一个拨键，向上为 485 通信方式，向下为 422 通信方式。监测系统中的站机或通信接口分机中安装摩莎卡，主要用于与其他系统或智能采集单元的通信。

图 4.1.2　摩莎卡

二、主要功能

（一）显示及存储

监测系统按设备分类进行查询及维护，支持跨设备查询。开关量和模拟量滚动数据存储，存储时间要求不少于 30 天。

① 统一的站场图显示：站场运用状态图的显示与回放，站场图能够放大、缩小和全屏显示。

② 开关量的实时状态显示以及历史记录查询。

• 控制台按钮操作记录，包括总取消按钮，列车、调车按钮，破封按钮、故障通知按钮等。

• 关键设备动作次数及时间表，包括转辙机动作次数，破封按钮运用次数，区段占用次数，列车、调车按钮运用次数，故障通知按钮运用次数，列车、调车信号开放次数等。

• 计算机联锁、列控中心、TDCS/CTC、ZPW2000 等信号设备运行状态信息实时显示，支持历史查询和回放。

③ 模拟量的实时值、日报表、日曲线、月趋势、年趋势的记录显示以及查询。

• 转辙机动作电流曲线、总功率曲线记录显示。

• 提速道岔分表示电压实时显示、历史显示并回放。

- 半自动闭塞电压、电流曲线记录显示、历史查询并回放。
- 电缆绝缘和电源对地漏泄电流的测试表格和变化曲线记录显示。
- 轨道电路电压曲线、分路残压报表记录。

④ 环境监测信息实时图形显示和历史数据查询。

⑤ 车站分路不良设置及分路不良图显示。

（二）报警及事件管理

① 根据预先定义的逻辑，实现一、二、三级实时报警和预警。

② 语音和声光报警。

③ 报警和预警历史信息的查询。

④ 一级、二级报警可填入故障原因并汇总。

⑤ 设备故障及报警的汇总、统计和分析。

⑥ 系统运行事件、用户操作事件等记录及历史查询。

⑦ 计算机联锁、TDCS/CTC、列控中心、ZPW2000、智能电源屏等系统设备故障报警。

⑧ 监测系统与计算机联锁、TDCS/CTC、列控中心、ZPW2000、智能电源屏等系统间通信中断报警。

（三）与通信前置机通信管理

① 各个电务段交界处车站监测网，需要同时连接两边电务段通信前置机。

② 电务段主用通信前置机故障时，需自动切换到备用通信前置机。

（四）系统管理

① 用户登录、修改配置、标调等权限的管理。

② 用户及密码管理。

③ 系统在线自检，记录系统运行日志。

④ 系统工作状态显示，主要包括 CAN 状态图、采集板及部分传感器状态图、各种接口通信状态图等。

⑤ 系统软件的自动升级。

⑥ 系统自动进行时钟校核。监测所有子系统时间必须与时钟服务器一致。

（五）数据处理及控制

① 配置文件、历史数据的导入/导出。

② 选择多路绝缘进行组合测试。绝缘测试分为自动测试和手动测试。

③ 回放文件的管理与导出，支持离线回放功能。

④ 曲线及各类报表的打印管理和导出曲线另存功能。

⑤ 授权修改基准参数和报警上下限。

⑥ 向上层网络（服务器、终端）传送各种实时数据，包括开关量、模拟量、报警、预警及各种状态和系统信息。

⑦ 接收并执行上层的命令，根据需要向上层网络传送响应数据。

（六）其他功能

① 天窗修作业管理及检修时报警的屏蔽处理。可以对天窗修作业进行登记、查询，对天窗修作业期间发生的报警进行提示、记录，但不进行声光报警及网络上送。

② 邻站显示。可以实时显示相邻车站的站场信息。

③ 电务维修智能分析及辅助决策。信号集中监测系统记录了信号设备运用中的大量数据，可以进一步加强对信号设备的故障分析、故障定位，充分发挥计算机强大的数据运算分析能力，以提高判断故障原因的准确性、故障处理方法的有效性、对现场故障处理的指导性，有利于调度指挥。

利用实时采集的控制台状态数据、开关量和模拟量测试数据进行分析，可以分析判断出信号设备的故障情况，并给出其可能的故障原因提示。

三、监测系统的电源及接地

（一）监测系统的电源要求

① 监测系统供电电源应与被监测对象电源可靠隔离。

② 监测系统采用工频单相交流供电，电务段（铁路局）机房设备应采用纯在线式 UPS 供电，UPS 容量应能保证交流电断电后维持监测系统可靠供电 10 分钟以上。站机电源应从电源屏两路转换稳压后经 UPS 引入，其容量不低于 2.2 kV·A。如工作电源未经 UPS 稳压，监测系统应采用纯在线式 UPS 供电，UPS 容量应能保证交流电断电后维持监测系统可靠供电 10 分钟以上。

③ 监测系统中的计算机设备场地应符合国家计算机机房场地标准要求。

④ 设备、电源、通道防雷应满足原铁道部颁布的有关铁路信号设备雷电及电磁兼容综合防护的相关规定。

（二）监测系统接地要求

① 监测系统地线应利用信号机械室的接地装置（地网）。

② 信号机械室未设置地网的，监测系统设置两个接地系统，即设备保护接地系统和设备防雷接地系统，两种地线的间隔距离应在 20 m 以上。两个接地系统之间不得互相连通。设备保护地接地电阻≤4 Ω，设备防雷地接地电阻≤10 Ω。因条件限制，两组接地不能分开时，可共用一组接地体，接地电阻应小于 1 Ω。

（三）UPS

UPS 专门用来防止计算机和其他重要电子设备受到断电、电压变低、突降和电涌的影响。UPS 能通过滤掉电压脉动，并且在大的电压干扰发生时自动断开市电，避免损坏设备。此时 UPS 用内部的电池提供不间断电源直到市电恢复正常为止。

微机监测用的 APC 公司的 UPS 电源安全可靠，灵敏度高。其前后面板分别如图 4.1.3 和图 4.1.4 所示。

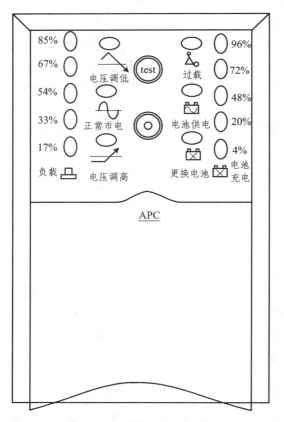

图 4.1.3　UPS 前面板示意图

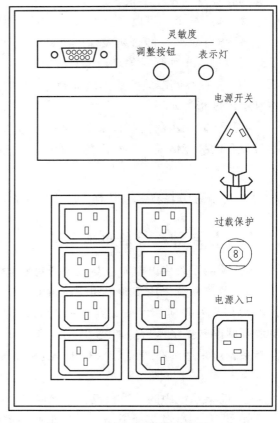

图 4.1.4　UPS 后面板示意图

部分按钮及表示灯含义如下：

① 测试/开机（Test）按钮：按下该按钮，然后松开，使 UPS 和连接的设备上电。这时设备立刻获得电力，同时 UPS 执行自检。

② 关机按钮：按下标有"○"的按钮，然后松开，就可切断 UPS 和连接的设备的电源。注意：只要将 UPS 与市电相连且市电有电，充电器就会保持电池充电。

③ 前面板左边的 5 个发光二极管：表示连接设备（负载）使用负荷的比例。

④ 前面板右边的 5 个发光二极管：表示 UPS 电池当前的容量占电池总容量的百分数。

⑤ 市电在线灯：表示 UPS 向连接的设备提供市电。

⑥ 电压调低灯：表示 UPS 正在调低过高的市电电压。

⑦ 电压调高灯：表示 UPS 正在调高过低的市电电压。

⑧ 电池供电灯：表示市电失效时，UPS 可以在一段时间内由其内部电池向连接的设备供电。由电池供电时，UPS 每隔 30 s 发出 4 声"哗"声的警报。当 UPS 返回市电在线供电时，警报停止。

⑨ 过载灯：表示连接的设备超过"最大负载"，UPS 发出连续的警报声且此灯发亮。直到过载负荷消除，警报声才结束。

⑩ 更换电池灯：如果电池未通过自检，则 UPS 发出短的"哗"声，持续 1 分钟，同时更换电池灯发亮。如果更换电池灯闪动，说明电池未接通。

第二节　采集设备

采集设备主要包括采集机、智能采集单元、隔离转换单元等。采集设备采集信号设备相关模拟量信息、开关量信息以及报警等信息。车站部分信息可以通过与计算机联锁系统、TDCS（或 CTC）系统接口获得。

一、采集设备的主要技术要求

① 采集机或采集器（板卡）应具有良好的可靠性和实时性，并具备抗干扰及自检、自诊断能力。

② 监测系统的采集设备必须采用高可靠的开关量和模拟量采集器件，并且具备模块化、自诊断等特性，方便实现系统的扩容和维护。

③ 采集设备与被测设备之间必须具有良好的电气隔离措施，任何情况下不得影响被监测设备的正常工作，符合故障-安全原则。

④ 采集器以及采集板卡必须具有良好的阻燃性和电气特性。高压（220 V 及以上）输入信号之间的最小爬电距离必须满足 5 mm 及以上，并应采用电压防反线路、瞬变电压抑制器、可恢复保险丝等方式防止对采集设备或被采集设备的影响。

⑤ 采集器以及采集板卡输入部分与电源、通信部分通过 DC/DC 变换器和隔离光耦进行电气隔离，隔离耐压必须达到 DC 2 500 V。

⑥ 监测系统的采集信息应能做到与其他系统互通互联，资源共享。接口可采用 RS-232，RS-422/485，CAN 或以太网方式，并具有隔离措施。

⑦ 电路板的布线严格遵照电磁兼容的设计准则，高压部分与低压部分走线区域严格区分，确保安全距离。

⑧ 采集设备的电路板、接插件、关键芯片应进行可靠性和可维修性设计。

⑨ 为保证采集模块和采集板卡之间的安全间距，确保耐压和电磁兼容符合标准，单块高压模拟量采集器和采集板卡的采集容量不得多于 8 路。

⑩ 采集设备的电路板、面板、组合、机柜尺寸应符合 GB/T 3047.2 或 TB 1476 的相关规定。

⑪ 采集设备对被测对象的数据采集一定要满足完整性、准确性、安全性的要求。

⑫ 分散安装的模拟量、开关量传感器与监测系统集中安装的模入板、开入板之间需采用标准电气接口。

二、采集机柜

采集机柜按照结构可以分为铁标机柜和欧标机柜两种。机柜内以 4U 为单位，安装采集机组匣、C0 组合、继电器组合等。由于机柜内部的空间限制，当增加层数较多时，可以考虑将绝缘测试组合移出采集机柜，放置在组合架或另外增加机柜安装。

三、采集机

采集机负责被监测设备各种原始数据的实时采集和预处理，并完成与站机通信。监测系统采集分机按功能划分为综合采集机、轨道采集机、开关量采集机、道岔采集机、集成采集机等。采集机可按照车站的规模进行灵活配置。采集机应尽量集中安装在采集机柜中，其采集器件可根据实际情况就近安装在被监测设备附近。采集机与站机之间采用 CAN 总线连接。

由于设计生产铁路信号集中监测系统的厂家不同，采集机的结构与种类略有差别。目前，现场使用的采集机主要有两种形式。

（一）传统型采集机

传统型采集机结构如图 4.2.1 所示，采用组匣配置模式，由电源板、CPU 板和采集板组成。前面采用插拔结构，后面安装 52 路或 51 路信息采集端子，用于连接外部引线。外部信号通过采集端子、总线板、采集板进入采集机。采集机的 CPU 通过总线板对采集机采集板读取数据或进行测量控制。

电源	CPU	D0 采集板	D1 采集板	D2 采集板	D3 采集板	D4 采集板	D5 采集板	D6 采集板	D7 采集板

图 4.2.1　采集机的结构图

1. 电源板

电源板主要为 CPU 板和各采集板提供各种电源。从外表看电源板有 + 5，+ 12，− 12，+ 24，+ 5I 共 5 个电源表示灯，以及 1 个熔断器座和电源开关。正常情况下，打开电源开关，5 个电源表示灯会全部变亮，且无闪动，表示电源已正常工作。如果部分表示灯不亮或全部不亮，则表示电源故障。若全部表示灯不亮，可检查电源板是否插好，熔断器是否烧断，开关接触是否良好。若部分表示灯不亮，可检查电源板与总线板是否良好。若均良好，说明电源坏了，需要更换。

2. CPU 板

CPU 板是采集机的核心，板上装配 ROM（只读存储器）芯片，芯片里存有相应功能的软件程序，通电后 CPU 按该程序运行。如图 4.2.2 所示，CPU 板将采集的数据进行处理并暂存在缓冲单元（CPU 板上的存储器）内，并将数据通过 CAN 总线传输给站机。CPU 板也可接收站机的控制命令，对采集板进行测量控制。

CPU 板上应当主要注意的是两组跳线，都与 CAN 通信有关。一组是左下角的 4 个地址跳线，通常默认为 4 个跳线都跳上。另一组是右上角的 CAN 通信匹配电阻跳线，在采集层 CAN 通信不通时，可尝试将此跳线跳空或跳上。

CPU 板上有电源、工作、收、发 4 个表示灯。其中收、发 2 个灯常灭，无用。正常工作时，电源灯一直亮（无闪动），工作表示灯会出现频率均匀的闪动。如果发现电源灯不亮或闪动，这时应检查电源是否故障。如果发现工作灯不亮、闪动过慢或闪动过快，且电源板工作正常，这说明 CPU 板故障。此时应检查 CPU 板与总线板插接是否良好，或者把电源板上的开关关掉，10 s 后再打开一次，若还不能恢复，可以肯定 CPU 板损坏。

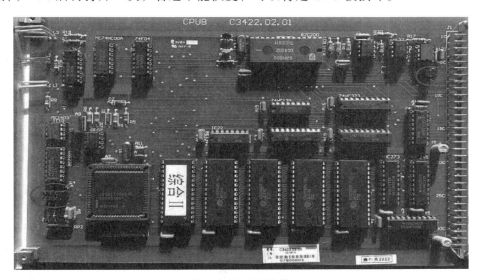

图 4.2.2　CPU 板

3. 模拟量输入板

模拟量输入板将从采样单元送来的电信号送给 CPU 进行 A/D 转换。如图 4.2.3 所示，模拟量输入板上有电源、工作 2 个表示灯。电源表示灯和其他板上的一样。工作表示灯在正常工作中闪动，否则表示工作不正常。

模拟量输入板的输入有两种形式：电流型和电压型。每路输入端都对应有一个跳线来控制，当跳线跳上时，与下方输入电阻连通，输入为电流型。每块模拟量输入板有 48 路输入端子。

图 4.2.3　模拟量输入板

4．开关量输入板

开关量输入板采集开关量信息。如图 4.2.4 所示，开关量输入板有电源、工作表示灯，数据组 1～6 共 6 个表示灯，以及数据位 1～8 共 8 个表示灯，共计 16 个表示灯。数据组 6 个表示灯与其数据位 8 个表示灯合起来代表 48 路开关量，其中 1—1 代表 1 路，1—2 代表 2 路，……1—7 代表 7 路，1—8 代表 8 路；2—1 代表 9 路，2—2 代表 10 路，……2—7 代表 15 路，2—8 代表 16 路；……依次类推，6—7 代表 47 路，6—8 代表 48 路。

图 4.2.4　开关量输入板

正常工作时，电源灯与工作表示灯和其他板上的一样；数据组 6 个表示灯，按照固定频率从 1 到 6 依次循环闪亮；数据位 8 个表示灯则根据实时采到的开关量部分点亮。如果发现开关量输入板不正常，应先查看电源板和 CPU 板是否正常。若正常，再查看开关量输入板与总线板插接是否良好；或者用一块工作正常的开关量输入板同该开关量输入板交换一下，换过后，若正常，则可以肯定该开关量输入板损坏。

5. 开关量输出板

开关量输出板用于输出 24 V 直流驱动绝缘测试继电器。如图 4.2.5 所示，每块开关量输出板共 48 路，前 40 路用于输出，后 8 路用于开关量采集输入。其中的 a17 为输出电源的环线端子，通常接综合 24 V－。如后 8 路需用于采集开关量时，需用 c17 接采集负电环线。当采集电为综合+24 V 时，可用右侧的跳线将 a17 和 c17 环接起来。

图 4.2.5　开关量输出板

开关量输出板表示灯的名称和数量与开关量输入板的完全相同，但数据组和数据位的 16 个灯代表的含义与开关量输入板不同。

在测试绝缘或漏泄电流过程中，开关量输出板的数据组 1~5 表示灯和数据位 1~8 表示灯的亮灭代表继电器组合中输电线当前状态。如果在自动测试绝缘的过程中开关量输出板上的表示灯无任何变化，则表明开关量输出板已经损坏。

开关量输出板数据组 6 个表示灯及相对应 8 个数据位灯含义如下：

1 和 2——分别代表电源屏输入 I 路和 II 路断电，平时常亮，断电时灭。

3——代表电源屏输出断电，平时常亮，断电时灭。

4——无意义。

5 和 6——分别代表外电网 380 V 的 I 路和 II 路错序，平时常亮，错序时灭。

7 和 8——分别代表下行和上行信号机主灯丝断丝，有报警时亮。

其他开关量输出板的 8 个数据位的灯目前无实际意义。若发现开关量输出板工作不正常，查故障方法同开关量输入板。

（二）新型采集机

新型采集机，打破一个组匣作为一个采集机的配置模式，使得采集机的配置更为灵活。它将 CPU 板和采集板整合到一起，每块板既是 CPU 板也是采集板；对采集板功能进行了整合，将完成某种或几种功能的采集电路整合到一块采集板，每块采集板都可以独立完成一类功能，可以独立工作；每块采集板拥有自己的 CAN 通信接口，作为 CAN 网络的一个网络节点。因此，采集机是一个可自由组合、功能变化的泛概念大的、综合的、集成的分机。

采集机结构如图 4.2.6 所示。

DY 电源	D0 通信板 0	D1 采集板 1	D2 采集板 2	D3 采集板 3	D4 采集板 4	D5 采集板 5	D6 采集板 6	D7 采集板 7	D8 采集板 8

图 4.2.6　采集机结构图

电源（DY）：给采集机提供各种工作电源。采集机电源有 2 路 5 V、1 路 12 V、1 路 − 12V、1 路 24 V。

通信板：采集机的数据通信中继站，内部与各种采集板以较高速率的 RS-485 通信，实时取走采集板采样处理后的模拟量和开关量数据，按照一定的规律统一打包处理，并通过 CAN 总线通信。每采集机一块，位置在 D0。通信板工作灯、采集板工作灯均为 500 ms 刷新一次。

采集板：采用成熟独立的单片机技术，运用数字信号处理技术，将输入信号进行 A/D 转换，按照不同的数学模型计算，经过模拟量波形分析，将需要的信息过滤存储。采集板根据采样设备和信号的不同可以分为模拟量接口板、开关量接口板、驱动接口板、道岔表示电压板、轨道电压相位板、移频发送综合板、移频接收综合板、移频频率板、移频电压板等。每台采集机可以插 8 块不同型号的采集板。一般情况下要求相同类型的采集板依次排放。

四、智能采集单元

智能采集单元是 TJWX-2006-Ka 监测系统主要使用的采集器件，将采集板卡封装在继电器罩内，形成继电器形式的采集单元。智能采集单元应用的采集技术与采集机基本相同，只是智能采集单元与站机之间的通信不同于采集机。如图 4.2.7 所示为智能采集单元的采集板。

（一）智能采集单元设置和指示灯

采集模块的一组红色拨键是此智能采集单元的地址跳线，从左往右数的 1 至 6 位为二进制拨键，7、8 位为通信波特率跳线，固定不动。二进制拨键数位从右至左，从小至大。往采集模块上方拨为 1，即往文字标注的 "ON" 方拨为 0。

指拨开关的高 2 位 "7" "8" 设置波特率，分别对应 9 600，19 200，38 400，57 600；低 6 位设置 RS-485 地址，分别对应地址 1 ~ 63。（ON=0，"1" 为最低位，"8" 为最高位。）

图 4.2.7　智能采集单元板卡

指示灯 D7 为单片机 3.6 V 电源指示灯。指示灯 D8 为单片机运行指示灯。指示灯 D9 为通信接收指示灯。指示灯 D10 为通信发送指示灯。

智能采集单元正常工作时 D7 电源指示灯常亮，D8 运行指示灯每 1 秒左右闪一次。

D9 接收灯和 D11 发送灯在无通信时常暗。D9 接收灯闪烁，说明 RS-485 总线有信号，如传感器满足响应条件则发送信号，D10 发送灯也相应闪烁。可依据指示灯的状态判断采集单元是否工作正常。通信收发的闪烁频率与通信巡检的时间有关，在同一串口的采集单元放置在一起时，能明显看出通信灯有次序的逐个亮起的状态。当两个通信灯出现常亮、常灭状态或只亮一个灯时，可检查通信线是否有接错的情况。

（二）底座配线说明

智能采集单元底座配线端子采用普通继电器接点编号方法，如表 4.2.1 所示。其中固定使用的端子有：电源端子 1 和 3 分别接入智能采集单元所用的 12 V 电源的正负极；电源端子 2 和 4 空闲不用；13 和 23 接点分别接 RS-485 通信的 A 和 B。其余编号对应的接点根据智能采集单元的功能不同，其配线使用方式也不同。

表 4.2.1　采集单元底座部分配线表

接点编号	接点用途	接点编号	接点用途
…	…	…	…
12		22	
11		21	
13	RS-485A	23	RS-485B
3	GND	4	GND
1	+12 V	2	

　　采集对象经过设在组合架上的采集继电器组合进行处理，再通过 RS-485 串口通信线输出至接口通信分机，并与监测工控机相连。通常两层相同采集组合级联在一起，向通信接口分机输出一条 RS-458 通信线，对应接口分机上一个 RS-485 接口。组合内部各采集单元使用独立的 RS-485 地址。

　　每个智能采集器都有自检功能，如某个采集器出现故障，可立即在微机监测站机上或接口通信分机自带屏幕上显示出来，并给予报警。此外，专门开发了采集继电器检测程序，在站机上运行该程序，程序可以自动告诉用户该继电器是否故障以及故障原因，方便用户在现场进行设备鉴定。

　　目前使用的采集单元和即将开始使用的单元类型如表 4.2.2 所示。

表 4.2.2　监测系统采集单元类型

监测项目	设备名称	10 型
电源屏监测	电源屏输出电压采集单元	JP-I~JP-VII
	电源屏输出电流采集单元	TC6A4
	外电网综合质量测试单元	WDCS-I
轨道电路监测	50 Hz 轨道电路采集模块	T050PJ-8，T050PDJ-8
	25 Hz 轨道电路采集模块	TC6VX7-J
转辙机监测	普通道岔电流采集模块	TC6AD3T-EJ
	开关量采集器	CJMK-1
	提速道岔电流/功率模块	TC6APK-J
道岔表示电压监测	道岔表示电压采集模块	TC6VBIII（110）
电源绝缘监测、对地漏泄电流监测	256 根电缆绝缘漏流采集单元	JYCS-III
	512 根电缆绝缘漏流采集单元	JYCS-III
	768 根电缆绝缘漏流采集单元	JYCS-III

监测项目	设备名称	10型
列车信号机点灯回路电流监测	列车回路电流采集模块	TC6A4
移频/电码化	电码化/移频发送综合采集模块	TC6YZII-J（1700-2600）
	移频区间接收综合采模块	TC6V2F-J
半自动闭塞	半自闭电压、电流采集模块	TC6VAD
环境监控	环境监测采集单元	
站联电压监测	智能直流电压采集传感器	TC6VB4
防灾电压监测	50 Hz 轨道交直流电压传感器	TC6VBII（40）

（三）智能采集单元常见故障分析

① 传感器接好后无任何反应，所有指示灯都不亮，也无法通信。

一般为12 V 工作电源未接入所致，可用万用表测量"+12 V"对"GND"电压是否正常。

② 电源指示灯和运行指示灯正常，但无法通信。

观察接收灯有无闪烁，如闪烁则表示输入的总线信号正常，有可能是传感器的地址或波特率设置错误所致。当 RS-485 两根线接反时，TX，RX 灯只亮一个灯，且为稳定常亮。将两根线反接，在通信接口通信分机程序未启动时，TX，RX 两灯全灭。如果通信接口通信分机程序启动，TX，RX 两灯交替闪烁，闪烁频率在1 s 左右。

③ 电源指示灯闪烁，传感器工作不正常。

电源指示灯闪烁说明单片机程序运行不正常，可用万用表测量"+12V"对"GND"电压是否正常，如正常则将传感器拔下后过段时间再插上，如现象依旧则说明传感器损坏。

④ 通信正常，传感器读出显示的数值不对。

如读出数据总为0或某一确定值及其他异常数据，则有可能是电源电压过低所引起的，请检查"+12 V"对"GND"电压是否低于10.8 V。

⑤ 在接线正确的情况下，TX，RX 灯不闪烁，大概有几种可能性：

• 通信接口分机内未配置。

• 传感器内部 RS-485 芯片损坏。这种情况下，因为一个采集继电器 RS-485 芯片损坏会影响到本条总线上其他采集继电器，若把这个采集继电器拔下，其余的采集继电器都应正常。这种情况是由 RS-485 硬件特性决定的。

• 接线有虚焊现象。

五、车站采集分机举例介绍

下面以通号公司 200～250 km/h 客运专线应用的铁路信号集中监测系统车站采集分机为例，介绍传统型采集机的具体组成。客运专线集中监测车站采集分机分为：综合采集机、道岔采集机、集成采集机和轨道采集机。

（一）综合采集机

综合采集机主要实现对电缆绝缘、电源屏输出对地漏泄电流、排架熔丝报警、列车信号机点灯回路电流的监测。每台分机可插 8 块采集板，最大可采集 512 路电缆绝缘和电源屏输出漏泄电流、96 路排架熔丝报警、94 架列车信号机点灯回路电流。

综合采集机的组成介绍如下：

D0：CPU 板，是采集机的核心，对模拟量与开关量进行综合处理并通过 CAN 总线与站机通信。模拟量输入板将从采样转换单元出来的各种电压送给 CPU 板。通信和电源配线，以及层与层之间的电源和通信环线，出厂前已配完。

D1/D8：模拟量输入板，每块测 48 路，采集漏流值[D1 板第 24 路]（从绝缘漏流组合侧面配线到 A24 位置）及列车信号机点灯回路电流（传感器就近安装在列车信号机灯丝继电器旁边）。将点灯回路按图纸拆开穿过电流传感器圆孔后接回，传感器输出配线至本端子。传感器工作电源来自 D0 相应的位置，每个传感器的电源互相并联，首尾两处环回采集机 D0 位置。

D2/D3：开关量输入板，将断路器报警信息转换为 CPU 接收的开关量。每块测 48 路，采集组合架（柜）排架熔丝报警状态。BJ+由报警灯正端引出，配至本端子，报警回线为 BJ－，配至本端子 A25 位置。排序如下：1～24 路——A1～A24；25～48 路——B1～B24；A25，B25 为采集回线。其中，D3 的 B9～B18 用于外电网报警状态的采集，从外电网监测箱配线至本端子；D3 的 B25 接综合 24 V－，作为采集回线。

D4/D5：开关量输出板，每块板 40 路输出，控制绝缘漏流测试组合继电器吸起或落下。每块可控制 256 路电缆测试的测试组合。

D6：开关量输入板，每块测 48 路。这块采集板是为开关量采集预留使用的。

D7：绝缘接口板，采集绝缘表输出值，1 路双端输入，从绝缘漏流测试组合侧面配线至本端子 A1 和 A3。

（二）道岔采集机

道岔采集机主要实现对道岔电流、1DQJ、定/反表示继电器的采集。每台分机一般插 6 块采集板，其中可用 1 块开关量输入板采集道岔 1DQJ 状态，2 块开关量输入板采集道岔定/反表示继电器状态，3 块拟量模入板采集道岔转辙机电流曲线，最大可采集 144 根道岔电流曲线。

道岔采集机的组成如下：

D0：CPU 板，是采集机的核心，对模拟量与开关量进行综合处理并通过 CAN 总线与站机通信。通信和电源配线，以及层与层之间的电源和通信环线，出厂前已配完。

D1/D2/D3：模拟量输入板，每块测 48 路。电流传感器采样转辙机动作电流，传感器输出配线至本端子。传感器工作电源来自 D0 相应的位置，每个传感器的电源互相并联，首尾两处环回采集机 D0 位置。

D4：开关量输入板，每块测 48 路，采集道岔 1DQJ 状态。采用开关量采集器采集 1DQJ 继电器半组空接点。采集器工作电源来自接口电源+12V（C0 层是开关接口电源，出厂前已配完）。采集器输出配线至本端子。

D5/D6：开关量输入板，每块测 48 路，采集道岔定/反表示继电器状态，空接点采样，中接点配线至接口电源+12 V，吸起接点配线至本端子。采集器工作电源来自接口电源 + 12 V。采集器输出配线至本端子。

（三）集成采集机

集成采集机主要实现对道岔表示交、直流电压的采集。每台分机可插 8 块电压采集板，可采集 32 个道岔表示继电器对应的道岔表示电压。

采集机的组成如下：

D0：CPU 板，是采集机的核心，对模拟量进行综合处理并通过 CAN 总线与站机通信。通信和电源配线，以及层与层之间的电源和通信环线，出厂前已配完。

D1 ~ D8：表示电压采集板，每块采集板可采集 4 个道岔表示继电器对应的道岔表示电压。五线制道岔定位交流和直流均采集 X1 和 X2，反位交流和直流均采集 X3 和 X1，X1 为公共线；四线制或六线制道岔定位交流和直流采集 X1 和 X3，反位交流和直流采集 X3 和 X2。

（四）轨道采集机

轨道采集机主要实现对 25 Hz 轨道电路的轨道接收端交流电压、相位角的采集。每台分机可插 8 块采集板，其中可用 2 块开关量输入板，6 块互感器板，最大可采集 96 路轨道电压和相位角。

采集机的组成如下：

D0：CPU 板，是采集机的核心，依据预先设定的软件程序管理各轨道传感器板，对模拟量进行 A/D 转换，暂存转换数据，并通过 CAN 总线与站机通信。通信和电源配线，以及层与层之间的电源和通信环线，出厂前已配完。

D1/D2：开关量输入板，每块测 48 路，采集轨道继电器状态。空接点采样，中接点配线至接口电源 + 12 V，落下接点配线至本端子。如果只有半组空接点，则采用开关量采集器采样，具体参照图纸设计。

D3 ~ D8：每块测 16 路，采集轨道电压和轨道电压与局部电源之间的相位夹角。排序如下：1 ~ 16 路——A1，B1 ~ A16，B16，双端输入；A17 和 B17 为本块采集板采集的轨道电压的局部电源 110 V 输入。轨道区段的名称排序必须与 D1/D2 的轨道继电器状态的采样完全一致，即 2 块板 96 路开关量对应 6 块板 96 路模拟量。

第三节　监测系统采集方案及原理

监测系统对信号设备的监测主要是采集能反映信号设备状态的开关量和模拟量。虽然监测系统型号较多，但采集数据的主要方案及原理基本相同，下面介绍主要的采集方案及原理。

一、开关量采集

此类监测项目包括 1DQJ 采集、SJ 封连、熔丝报警采集、控制台按钮和表示灯采集。开关量的采集方法有四种：

（一）采集继电器空接点

如果继电器有空接点，要监测继电器状态，可以直接采集继电器的空接点，如图 4.3.1 所示。

图 4.3.1 开关量采样原理图（一）

（二）采集控制台表示灯

控制台表示灯状态采集如图 4.3.2 所示。

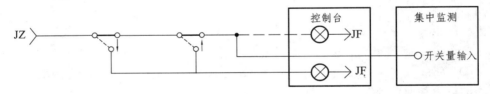

图 4.3.2 开关量采样原理图（二）

（三）采集主电源、副电源及其他表示灯

主电源、副电源及其他表示灯状态采集如图 4.3.3 所示，使用光电隔离器进行采集。

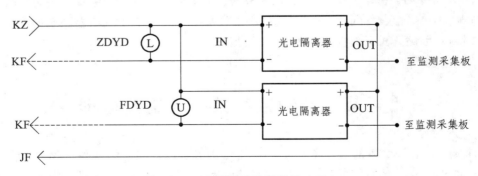

图 4.3.3 开关量采样原理图（三）

光电隔离器采样原理如图 4.3.4 所示。

光电隔离器由光源（发光二极管）和光传感器（光电晶体管）组成，封装在隔光容器中。从光源到光传感器，只有光的耦合，用被监测开关量的有效信号导通发光二极管，控制光电晶体管。当被监测开关量有效时，发光二极管发光，光电晶体管导通，OUT 端输出为低电平；否则，OUT 端输出为高电平。

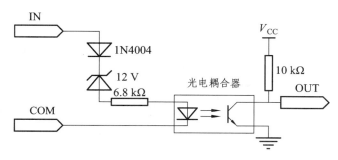

图 4.3.4　光电隔离器原理图

（四）采集继电器半组接点

继电器半空接点的采样使用开关量采集器，如图 4.3.5 所示。

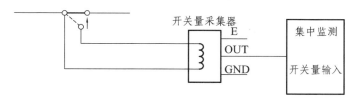

图 4.3.5　开关量采样原理图四

开关量采集器依据电磁感应原理，通过线圈间的磁耦合实现开关量状态的识别，如图 4.3.6 所示。

传感器的一组感应线圈 L_2 接在接点 1，3 间，另一组线圈接检测电路。检测电路检测线圈 L_1 的电感量及损耗，L_1 和 L_2 通过磁场耦合。当 1，3 断开时，L_2 上无电流，L_1 为自身的电感和损耗。当 1，3 闭合时，L_2 上产生感应电流，L_1 的损耗增大，同时 L_1 的电感量减小。这样继电器的状态在电感线圈 L_1 上得到反映。通过检测 L_1 的电感量和损耗，就可得知继电器的状态。

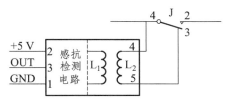

图 4.3.6　开关量采集器原理图

开关量采集器隔离性能好，它与信号设备只有一点接触，不并接也不串接在设备中，因此不取设备的任何电流和电压，即不取设备能源，对设备无任何影响。

二、模拟量采集

（一）电流采集

电流类的采集方案主要是采用电流穿心采集方式，如图 4.3.7 所示。采集设备与被监测设备没有任何电气连接，被监测电流信号通过穿心方式通过模块。模块采用电磁隔离方式，采集设备发生故障不会对被监测设备产生不良影响。

采集模块采用霍尔电流传感器，被监测电流信号可以是交流电流也可以是直流电流。采集模块目前应用有两种类型：一种是旧型，其输出为模拟量，需要采集机模拟量输入板的配合，经选通送至 CPU 板进行 A/D 转换，再将转换后的数字信号进行处理；另外一种是新型，为数字式模块，其输出已直接转换成数字信号。

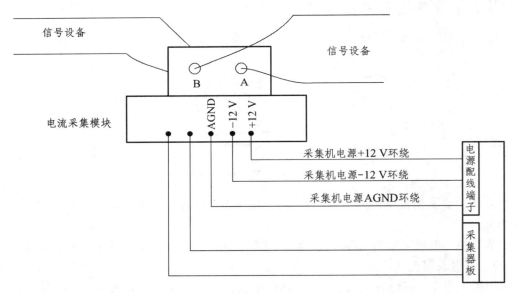

图 4.3.7　电流穿心采集方式

（二）电压信号采集

1. 交流电压信号采集

交流电压信号采集采用电压互感器（PT）离隔方式，如图 4.3.8 所示。传感器分别采用量程为 40 V，150 V，300 V 等电压互感器。电压互感器作为可靠的隔离器件，广泛应用于交流电压的采集电路中，与被监测设备之间隔离性好，安全性高。

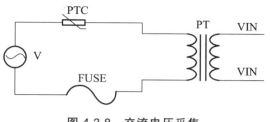

图 4.3.8　交流电压采集

电压互感器实际上是一种特殊的变压器，其基本原理就是电磁感应原理。现以单相双绕组变压器为例说明电压互感器的基本工作原理，如图 4.3.9 所示。

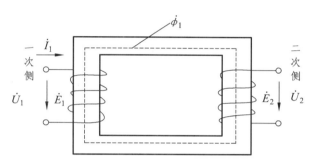

图 4.3.9　电压互感器原理图

当一次侧绕组上加上电压 $\dot{U}_1$ 时，流过电流 $\dot{I}_1$，在铁芯中就产生交变磁通 Φ_1。这些磁通称为主磁通，在它作用下，两侧绕组分别感应电势 $\dot{E}_1$，$\dot{E}_2$。感应电势公式为

$$E = 4.44 f N \Phi_m$$

式中，E 为感应电势有效值，f 为频率，N 为匝数，Φ_m 为主磁通最大值。

由于二次绕组与一次绕组匝数不同，感应电势 E_1 和 E_2 大小也不同，当略去内阻抗压降后，电压 $\dot{U}_1$ 和 $\dot{U}_2$ 大小也就不同。归根到底，电压互感器就是通过磁势平衡作用实现了能量的传递。

电压互感器的特点如下：① 容量很小，类似于一台小容量变压器；② 二次侧负荷比较恒定，通过设计，使二次侧的负载接近开路（如加大负载电阻），可使电压互感器工作在理想状态。

2. 直流电压信号采集

直流电压信号采集采用直流电压传感器。直流电压传感器工作原理如图 4.3.10 所示。

电压/频率转换器将输入直流电压转换成一串脉冲，脉冲频率与输入电压呈线性关系。脉冲经光电隔离后以相同频率的脉冲输入频率/电压转换器，频率/电压转换器将脉冲还原成电压输出，经过滤波放大后输出到综合采集机模拟量输入板采样。

直流电压传感器的隔离措施包括电源隔离和信号隔离两种。电源隔离采用 DC/DC 变换技术，应用的是电磁感应原理，将输入直流电源变换成另外一路直流电源，供传感器输入级和光电隔离原边使用。信号隔离应用的是光电隔离方法。两种隔离措施的应用保证了被测对

象与测试回路之间没有直接的电气连接。

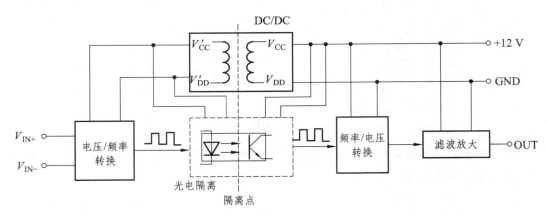

图 4.3.10　直流电压传感器工作原理

第四节　TJWX-2006-Ka 车站监测设备

TJWX-2006-Ka 型铁路信号微机监测系统由上海卡斯柯信号有限公司研制开发。监测系统的车站基层子系统配置如图 4.4.1 所示。车站监测设备主要包括：采集及控制单元、车站主机、网络设备、电源设备、防雷设备、无线设备、接口设备、打印机等。

采集及控制单元主要包括：采集机柜、现场控制总线信息平台、高精度数据采集单元（包括轨道、道岔、电源屏等模拟量信息）、环境监测传感器、门禁控制器、智能空调控制器、ZPW2000A 移频信号综合采集器等。

TJWX-2006-Ka 监测系统的主要特点如下：

① 模拟量信号经过变送器直接采样后，经过一次 A/D 转换就可以通过全数字的方式进行处理，所以不会因为 A/D 和 D/A 的频繁转换而带来累积误差，因此信号的传输精确度有所提高。

② 抗干扰性不同：采用了就近采集、数字化传输的模式，与模拟信号相比，受干扰的频率低，实时性很强。

③ 结构的优越性：在信息的传输过程中随时可以把自身的信号帧发给计算机，因为各个智能设备带有时钟，所以可以严格控制时序，使用户能够察觉设备中的隐患并及时排除故障，并方便用户根据时序的先后准确地断定故障。

采集机柜中的综合采集机完成如下功能：

① 电源屏电压采样；

② 电缆绝缘测试；

③ 电源对地漏泄电流测试；

④ 熔丝断丝报警；

⑤ 三相电源错序报警；

⑥ 三相电源断相报警、断电监测；
⑦ 电源屏输入电源瞬间断电的测试；
⑧ 列车主灯丝断丝报警。

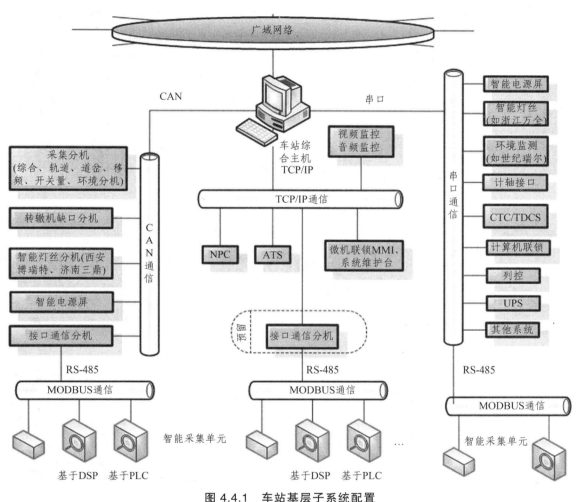

图 4.4.1 车站基层子系统配置

一、接口通信分机

接口通信分机是微机监测采集设备中的核心部分，绝大部分的微机监测模拟量采集数据都通过接口通信分机收集、编码并转发给监测主机。一台接口通信分机共有 8 个 RS-485 通信串口。每个串口连接一条 RS-485 总线，每条总线上最多可挂接 20 个采集单元，各单元RS-485 地址各不相同。接口通信分机分为旧型的 CAN 通信分机和新型的网络型接口通信分机两种。如图 4.4.2 所示为这两种接口通信分机的正视与背视图。

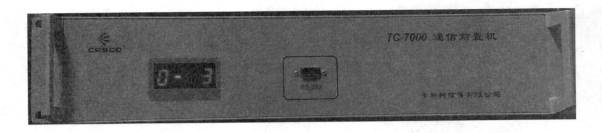

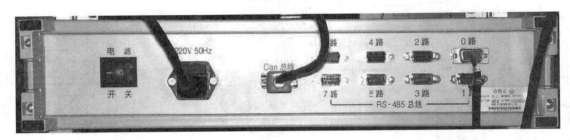

（a）旧　型

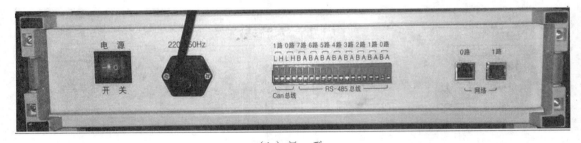

（b）新　型

图 4.4.2　接口通信分机

　　两种接口通信分机布局相似，都在背面布置了 8 个 RS-485 串口，只是 CAN 通信分机的为 DB9 接头，网络型接口通信分机的为配线端子。网络型接口通信分机除了包含两个 CAN 总线接口端子外，还带两个网口输出。

　　通信分机前方的 RS-232 口为通信分机配置口。

　　接口通信分机带有自诊断功能，能显示与微机监测采集单元的通信中断情况。因此，判断监测采集设备的好坏，首先可以观察通信分机上显示的信息。

　　CAN 通信分机前面板上有 4 个数码显示管，左边第一位表示当前自检的 RS-485 通信口号。通信分机共 8 个 RS-485 通信口，序号为 0～7。右边两个数码管用于显示当前串口总线上单元通信中断的地址号。如图 4.4.2 中显示内容表示第 0 口的第 3 个地址单元通信中断。若通信分机所有采集单元均通信正常，则后两位数码管无数值显示，用"—"代替。而第一位的串口数值在已配置的串口间轮回巡检。

网络型接口通信分机采用液晶显示屏。如图 4.4.3 所示，第一行表示网络通信分机的 IP 地址，使用的网口为 0 口。第二行表示此分机的分机号为 25，配置在 C1 上。C0 未使用。下面两行冒号前面的 0～7 对应通信分机的 8 个 RS-485 串口。"——"表示此串口上所有采集模块通信均正常，0 口上的"02"表示第 0 路 RS-485 总线上的第 2 个地址单元通信中断。

图 4.4.3　接口通信分机液晶显示

二、工作电源

监测机柜向外输出多种直流和交流电源，用于监测采集和模块供电。主要有如下几种：

1. 12 V 大功率电源

12 V 大功率电源用于给各类带 RS-485 通信的监测采集单元提供工作直流电源，由机柜底部的 12 V 电源输出。12 V 大功率电源输出两种电源，+ 12 V 和 – 12 V，对应有两个工作灯显示。其中 + 12 V 为各采集单元工作电源，– 12 V 目前只有采集移频接收的阻抗匹配器用到。

当模块数量过多以致电源输出电压在线路上衰耗过大，实际加载到采集单元上的电压不足时，可将大功率电源前面板的 4 个螺丝钉卸下，调节内部电源的输出电压值。这种方式只有在其他方法都无法解决问题时才可使用，并且调节时必须小心微调。

2. 采集机电源

综合采集机电源如图 4.4.4 所示，主要有：+ 24 V——主要用于绝缘测试继电器吸起的驱动电源，部分用于环境监测报警采集；+ 12 V，– 12 V——主要用于灯丝漏流测试单元的测试电源，也用于环境监测的温度和湿度采集；+ 5 V——用于采集的板子供电；+ 5I——用于 CAN 通信供电。

图 4.4.4　采集机电源

当电源输出外线短路或电源无输出时，对应的电源灯会灭灯。因此，可根据点灯状况来判别对应的电源是否存在问题。

3. 220 V 交流电源

机柜使用的微机监测交流 220 V 电源，目前只给绝缘测试的绝缘表供电。当需要用到外置式的 12 V 大功率电源时，也使用机柜提供的 220 V 交流电源。

三、转辙机电流、功率采集

转辙机的工作状态实质就是转辙机输出工作拉力的变化状态。在道岔转换设备维护检修中，测试转辙机输出工作拉力可以准确反映转辙机的工作情况和道岔的安装运用状态。转辙机的动作功率是转辙机实际拉力的反映。

现场所用转辙机按其所用电源种类可分为直流转辙机和交流转辙机。对于直流转辙机，实时功率计算公式为 $P = UI$。其中，U 为定值，则 I 的实时变化正比于 P，因此，电流曲线可以如实反映 P 的变化。

对于交流转辙机，实时功率计算公式为 $P = UI\cos\varphi$。其中，φ 是相电压与相电流间的夹角。在道岔动作过程中，U 的峰值基本恒定，I 的峰值只有在启动和截止过程中有较大变化，在动作过程中变化不大，因此，真正影响功率数值变化的是相电压与相电流间的夹角。

由以上分析可见，直流转辙机只需采集电流曲线，交流转辙机需要采集实时功率曲线，即需要采集电流和电压。

（一）1DQJ 采集

1DQJ 采集的主要目的是获得道岔动作的启动时间和结束时间，以方便描绘完整的道岔动作曲线。1DQJ 采集通常使用开关量采集器采集 1DQJ 或 1DQJF 的一组低压半空节点的闭合状态。

如图 4.4.5 所示，在开关量采集器内部端子 4 和 5 之间是一个感应线圈，当道岔未动作时，

1DQJ 落下，4 和 5 端子通过 1DQJ 的节点构成一个闭合回路，此时 3 号端子上输出 5 V 电压至道岔电流或道岔功率采集单元。

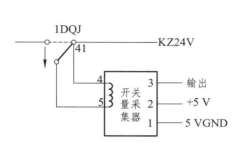

图 4.4.5　开关量采集器

当道岔动作时，1DQJ 吸起，4 和 5 端子组成的回路因节点吸起而断开，此时 3 号端子上的输出电压消失。电流和功率采集单元将 1DQJ 采集电压消失的时刻作为道岔启动的开始时刻，开始记录并上传采集的道岔动作曲线，直到道岔动作结束，1DQJ 落下，4 和 5 端子间回路重新闭合，3 端子上电压恢复，采集单元将此作为道岔动作曲线采集的结束点。

开关量采集器采集的是一组低压的半空节点，不能采集 1DQJ 上的高压节点，那样容易损坏采集模块。开关量采集器采集的是接点的闭合状态，并不需要接点上有任何电压。

判断开关量采集器的好坏，可将 4 和 5 端子上的外线取下后，封连和断开 4 和 5 端子，同时测量 3 和 1 端之间的 5V 电压有无相应变化。

（二）直流转辙机电流采集

直流转辙机控制电路常用的有单机四线制控制电路和双机六线制控制电路。具体采集方案如图 4.4.6 所示。对于单机来说，电流采集可采集 X4 回线上的电流。对于双机，室外有两台转辙机，因此不能采集 X4 回线上的总电流，需使用两个传感器分别采集 1DQJ 至 2DQJF 间引往室外道岔的去线。

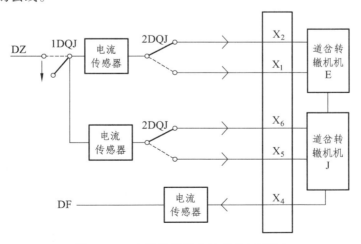

图 4.4.6　直流转辙机电流采集原理图

77

图 4.4.7 所示为两种直流电流采集模块，左边为旧的直流电流采集模块，右边为较新的电流采集传感器。

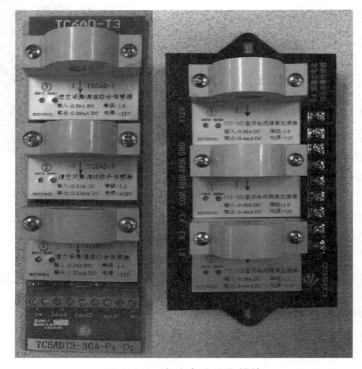

图 4.4.7 直流电流采集模块

旧的直流电流采集模块输出为模拟量，送入道岔采集机模拟量输入板，经选通送至 CPU 板进行 A/D 转换，再将转换后的数字信号（即电流曲线的数据）暂存在道岔采集机存储器里，当站机索要数据时，将一条完整的道岔电流动作曲线送往站机处理。开关量采集器采集的 1DQJ 的状态送入道岔采集机中的开关量输入板，记录道岔动作的起止时刻，即绘制电流曲线的起止时刻。

新的电流采集传感器为数字式传感器，其输出已直接转换成数字信号，通过 RS-485 总线送入接口通信分机。开关量采集器采集的 1DQJ 的状态输出给电流采集传感器，控制对道岔动作电流的采集。

直流电流传感器的安装维护要点如下：

① 直流电流传感器采集的电流是有方向的，即道岔动作时流经传感器孔内采集线上的电流方向必须与传感器上标注的箭头方向一致。当电流方向相反时，传感器将采集不到电流，表现为电流曲线是一条 0 值的直线。直流电流的采集线在传感器上都绕 3 匝，即孔内 3 根线。

② 模块式的电流传感器可以通过道岔动作时测量模块输出的电压变化来确定模块是否有输出。正常道岔不动作时，模块输出点 OUT 对模块工作的 −12 V 电压为 12 V。当道岔动作时，电压在启动时增加到 13 V 以上，然后下降到 12.8 V 左右，直到道岔动

作结束。如果道岔动作时测不到电压，可检查电流采集线配置是否正确，孔内穿线方向是否有误。

（三）三相交流转辙机功率采集

为了采集三相交流转辙机功率曲线，必须同时采集三相电压和三相电流。采集点位于三相道岔的断相保护器上，电压是采集断相保护器的 11，31，51 上的电压，电流通过将断相保护器输出的三相电流驱动线经电流传感器穿孔采集。如图 4.4.8 所示为现场电流传感器和智能采集单元，电流传感器安装于提速道岔组合背面，智能采集单元安装于采集组合。

图 4.4.8　交流电流传感器及智能采集单元

如图 4.4.9 所示为采集电路原理图。道岔启动时，1DQJ 吸起，开关量采集器输出至功率采集单元的 5 V 电压信号消失，功率采集单元以此时刻作为道岔启动时刻（即功率曲线起点）。功率采集单元开始处理电流传感器采集的三相电流信号和自身采集的三相电压信号，同时计算同相电流电压之间的相位夹角，最后形成三相功率曲线的数据。当 1DQJ 落下时，开关量采集器输出至功率采集单元的 5 V 电压信号，功率采集单元以此时刻作为道岔动作结束时刻（即功率曲线终点）。

三相道岔功率采集单元的安装维护要点如下：

① 三相电压采集与三相电流采集必须一一对应，即 A 相电压与 A 相电流、B 相电压与 B 相电流、C 相电压与 C 相电流相对应，才能计算出正确的功率曲线，否则功率曲线将显示不正常。

② 电流传感器的好坏可以根据测量传感器输出点和 12 V 地（GND）之间的直流电压确定。当电流传感器的配线配好到采集单元上时，I_a、I_b、I_c 各端点对 12 V 地（GND）间能测到 12 V 的直流电压。如果测不到这个电压，说明电流传感器损坏。

③ 提速电流传感器的穿孔匝数为 2。

对于 10 型监测系统，在采集道岔曲线的同时都相应增加了道岔表示继电器状态的采集，即采集道岔 DBJ 和 FBJ 的空节点，同时在相关的电流和功率采集器上都新增了对应的采集端子。

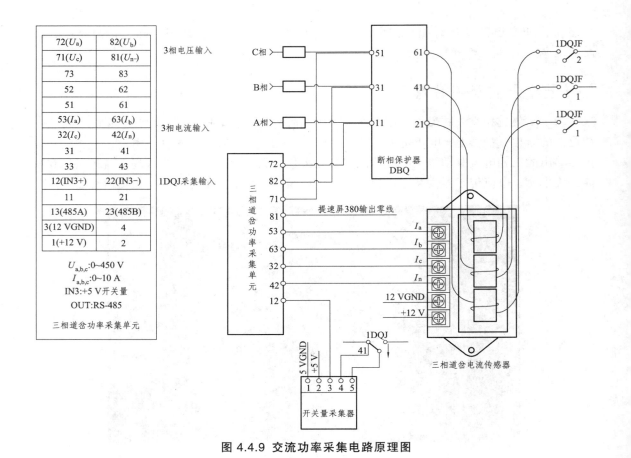

图 4.4.9 交流功率采集电路原理图

（四）转辙机动作曲线的基本故障判断

采集设备或采集电路故障，导致转辙机动作曲线不正常时，具体分析如下：

① 道岔动作后，对应的时间程序无任何曲线记录。

对于使用模块采集的道岔电流曲线，可判断是 1DQJ 采集有问题，可能是 1DQJ 配线出错，或开关量采集模块损坏，以致无法记录任何曲线。如果是电流功率采集单元，还需检查对应的采集单元 RS-485 通信是否正常，对应的 5 V 地（GND）环线是否配置。

② 道岔动作后，对应时间只有一条 0 值的直线，且直线的时间长度与道岔动作时间一致。

可认定道岔的 1DQJ 采集正常，而电流或电压采集部分未能采集到正常数值，需检查电流采集模块是否损坏，直流电流穿孔方向是否反向，电流采集配线是否配错。对于三相功率采集，还需检查对应的 380 V 电压采集是否为 0。

③ 所有道岔都在同一时间内出现一条 0 值曲线后，再无其他曲线记录。

可检查开关量采集模块的 5 V 工作电源是否正常供出，5 V 输出保险是否烧坏。对于采集单元送的曲线，还需检查对应的采集单元 12 V 电源是否正常。

④ 直流道岔模块采集的电流曲线为一条高值的直线。

可能是对应的电流采集模块损坏，也可能是对应的采集模拟量输入板没有跳成电流型输入。

⑤ 三相功率曲线异常。

三相道岔的相功率曲线共有 A、B、C 三条，正常情况下，在道岔动作过程中，这三条曲线基本重叠，只有在道岔动作结束的末尾会出现一条曲线先下降到 0，另两条曲线呈阶梯状下降的情况。这是因为室外电路的截止，使一相先切断，另两相经道岔表示回路仍有部分电流。

如果三相曲线在末尾处同时归零，未出现阶梯状分枝情况，如图 4.4.10 所示，表明室外道岔表示回路不正常。

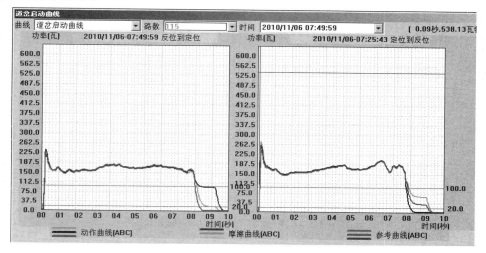

图 4.4.10 三相道岔三相功率曲线（一）

三相道岔的三相功率曲线，在道岔的一次动作过程中应该是形状一致，基本重叠的。当出现一相曲线为正常的启动曲线，如图中曲线 2 所示，而另两相曲线一相较高，一相较低时，如图中曲线 1 和曲线 3 所示，可认为是图中 A 相曲线和 C 相曲线电压和电流采集匹配错位。

功率曲线的结束部分应是按阶梯状下降，如图 4.4.11 中曲线 3 尾部出现的先归零再抬起的现象，即可认定曲线不正常。在微机监测调试过程中，大部分遇到的都是这样的问题。

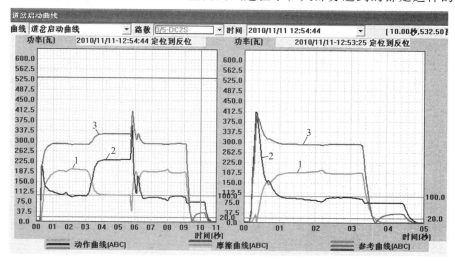

图 4.4.11 三相道岔的三相功率曲线（二）

如图 4.4.12 所示，如果道岔由定位到反位，再由反位到定位的两次转动中，一次曲线正常，另一次在末尾有一相功率超高的情况，大部分是因为道岔室外电缆配线有误，需让施工单位检查室外配线。

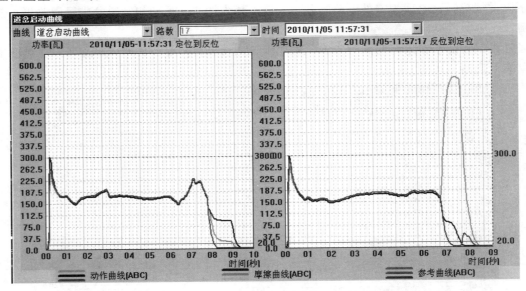

图 4.4.12　三相道岔的三相功率曲线（三）

四、道岔表示电压采集

道岔表示电压采集经道岔室外表示二极管回送的表示电压，在采集的线上同时存在交流和直流电压。每个道岔采集单元可采集 4 组道岔的表示电压。每个道岔定位和反位各有两根采集线。采集电路原理如图 4.4.13 所示。

三相交流转辙机控制电路，定位表示电压采集分线盘 X4 和 X2，其中 X4 为正，X2 为负；反位表示电压采集分线盘 X3 和 X5，其中 X3 为正，X5 为负。

直流转辙机控制电路，定位表示电压采集分线盘 X1 和 X3，其中 X1 为正，X3 为负；反位表示电压采集分线盘 X3 和 X2，其中 X3 为正，X2 为负。

道岔表示采集单元每层组合可安装 9 个采集单元，一层采集 36 组道岔的表示电压。

道岔表示采集单元的安装维护要点如下：

① 道岔表示电压的检查相对简单，只需逐一比较采集点（分线盘）、采集组合侧面和采集单元底座上的电压是否一致。如果不一致，则是相关配线有误；如果一致而程序显示不对，则应该检查采集单元是否故障或程序配置是否有误。

② 道岔表示电压采集是交直流混合采集，即两根采集线上既含直流电压又含交流电压。因此，采集配线的极性很重要，如正负配线配反，程序上将显示不出直流电压的数值。

③ 正常直流道岔在一个位置时（定位或反位）交流电压为 60～70 V，直流电压比交流电压约低 10 V。交流道岔在一个位置时（定位或反位）交流电压约为 60 V，直流电压约为 20 V。

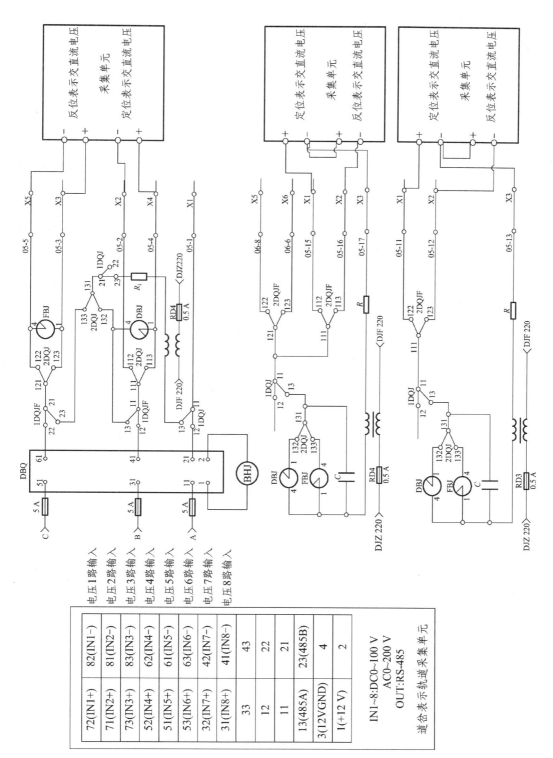

图 4.4.13 道岔表示电压采集电路原理图

④ 采集单元工作的 12 V 直流电源对道岔表示采集数值影响较大，当电源低到 9 V 以下时，会造成表示电压的数值超高。

⑤ 道岔表示电压的调试核对，可在采集数值上来后转动道岔，并观察相关的表示电压数值是否相应变化。

五、轨道电压采集

目前，常用的轨道电压采集分为 25 Hz 相敏轨道电路电压采集和 50 Hz 相敏轨道电路电压采集两种。两种采集的方式大致相同，都是采集从室外轨道上返回的用于驱动轨道继电器的电压。通常的采集位置在轨道测试盘的侧面。采集电路原理如图 4.4.14 所示。

25 Hz 相敏轨道电压需要增加局部电源的采集，以判断轨道相位角。每个单元可配置一个局部电源，对应此单元采集的轨道电压只能是此局部电源管辖范围内的轨道电压，否则相位角将出错。

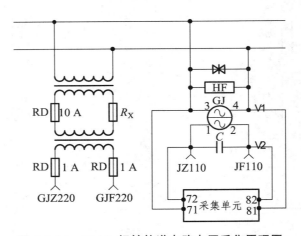

图 4.4.14　25 Hz 相敏轨道电路电压采集原理图

25 Hz 相敏轨道电路电压智能采集单元主要电路结构如图 4.4.15 所示，采用高阻隔离和电压互感器隔离的方式，将采样后信号调理成 CPU 能直接采的信号，将模拟信号高速采样后进行数据处理运算，得到每路非局部轨道电路的有效值和其相位角，然后利用其非局部相位角与局部相位角进行比较得到相位差。

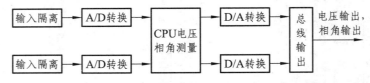

图 4.4.15　25Hz 相敏轨道电路电压采集单元结构图

25 Hz 相敏轨道电路电压采集单元的安装维护要点如下：

① 由于相敏轨道电路需要判断轨道电压与局部电压相位差角，因此轨道电压采集的两根

线有正负之分，配线配反将造成相位角数值出错。

②轨道电压的采集配线检查也是逐一测量采集点、采集组合侧面和采集单元底座的电压是否一致。调试时如果有条件，可以逐一模拟轨道占用，以检查对应的轨道电压是否变为 0。如不具备条件，只能等实际过车时观察轨道电压是否对应变化。

对于 10 型微机监测，轨道电压采集单元上增加了 GJ 状态开关量的采集，其底座配线和每层采集单元的数目都与原采集单元不同，使用时需注意变化。

六、信号机电流采集

信号机电流采集为电流传感器与采集单元配套使用。信号机电流采集通常拆取信号机点灯保险之后到 DJ 之间的一段电源线，或是 DJ 输出的电源线，经电流传感器穿芯后再接回原电路。穿芯线在传感器处需绕 3 匝，即孔内 3 根线。信号机电流采集电路如图 4.4.16 所示。

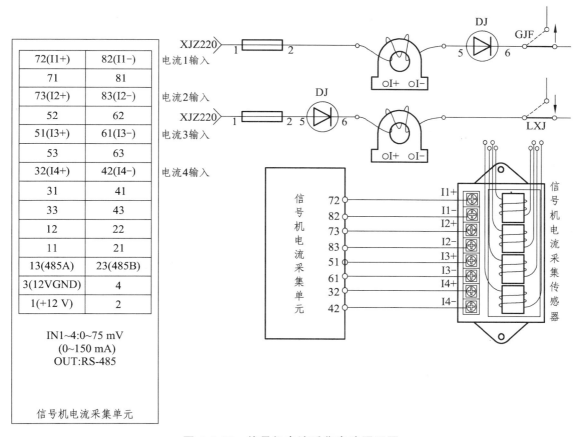

图 4.4.16　信号机电流采集电路原理图

图中所示电流传感器为无源模块，实际为电流互感器。新型电流传感器一般采用霍尔电流传感器。

信号机电流采集单元与电流传感器模块集中安装在采集组合上，每层 5 个采集单元，5

个电流传感器间隔安装。每 4 层输出一根 RS-485 通信线，接通信接口分机。

七、移频发送采集

移频发送采集既采集发送电压又采集发送电流。电压采集移频发送盒功出的 s1, s2 两点。电流采集需将移频发送盒输出至防雷网络的一根负载线取出，经电流传感器穿芯后再接回原防雷网络。采集电路原理如图 4.4.17 所示。

移频采集单元通常集中安装在组合架，每层组合安装 5 个采集单元和 5 个电流传感器。电流传感器占用一个继电器底座位置，与对应的采集单元相邻。因此，通常的做法是将移频发送盒功出的一对屏蔽线绕经移频采集组合再接防雷网络，在采集组合内部穿过电流传感器采集电流。每 4 层组合输出一根 RS-485 通信线，接通信接口分机。

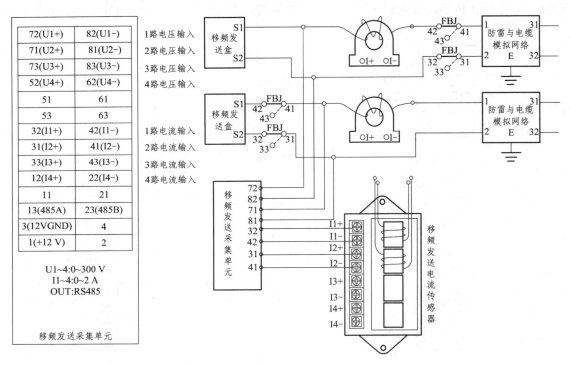

图 4.4.17　移频发送采集电路原理图

八、移频接收采集

移频接收采集采用 ZPW2000 型移频接收采集单元，采集 4 个接收电压和一个 GJ 状态。4 个电压都从移频架零层端子上配线采集，轨出 1 电压需增加内部到零层端子的配线，轨出 2 电压需要先经过阻抗匹配器转接后，再配线到零层。采集电路如图 4.4.18 所示。

阻抗匹配器为有源器件，其工作电源为正负 12 V 直流，并且对工作电压值要求较高，两个配到阻抗匹配器上的 12 V 电压都不得低于 11.6 V。阻抗匹配器通常安装在移频架内部。

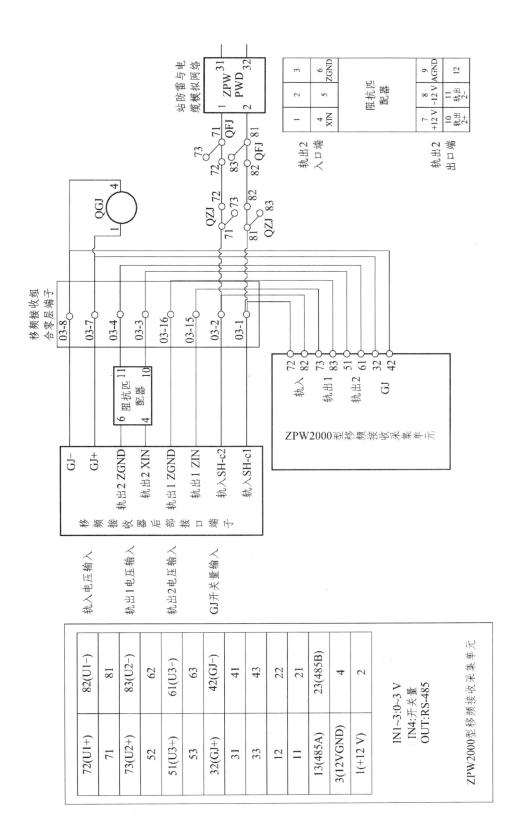

图 4.4.18 ZPW2000 型移频接收采集电路原理图

九、半自动闭塞采集

半自动闭塞外线电压、电流采集点位于分线盘线路电压发送端子。电压采集采用单向性隔离采样技术外加正负电压自适应方案,电流采集采用分流器方案外加正负电流自适应方案。如图 4.4.19 所示为采集电路原理图。

对于最新的半自动闭塞采集,配件已由分流器改成电流传感器。

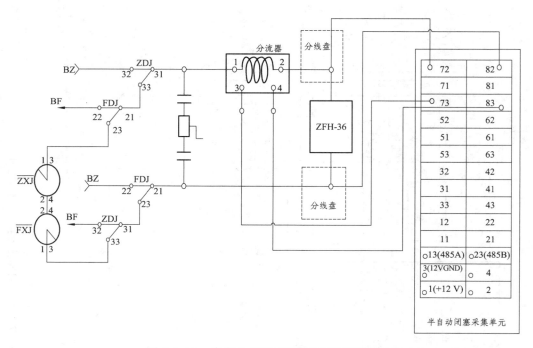

图 4.4.19　半自动闭塞电流采集电路原理图

十、电缆绝缘测试

(一)电缆绝缘测试流程

电缆绝缘测试是指电缆芯线全程对地绝缘电阻的测试。测试流程如图 4.4.20 所示。

综合采集机通过开关量输出板驱动安全型继电器,由继电器接点组成的多级选路网络将所选的电缆芯线接入绝缘转换单元。选路网络具有互切特性,保证同一时刻只有一条电缆芯线被选通,不会发生混线现象。

绝缘转换单元采用 500 V 直流高压在线测试方法,将电缆全程对地绝缘电阻转换为相应的电压值,经放大电路后送到绝缘测试表进行 A/D 转换、数码管显示。绝缘测试表通过两根通信线与综合采集机绝缘接口板交换数据。

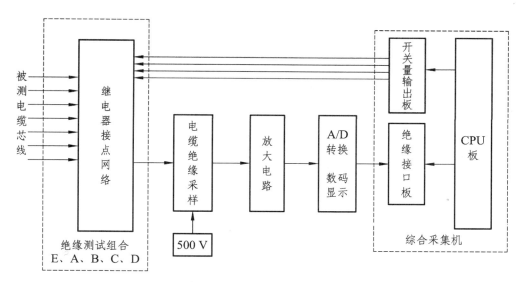

图 4.4.20　电缆绝缘测试流程

（二）电缆绝缘测试原理

电缆绝缘测试电路如图 4.4.21 所示，将特制的 500 V 直流高压加到电缆芯线上，把电缆芯线全程对地绝缘电阻 R_x 接入测试回路。R_x 与测试回路内的采样电阻串联，其大小决定采样电阻上电压的大小。采样电压经放大电路后的输出 JY-AD 是一个 0 ~ 5 V 的标准直流电压。

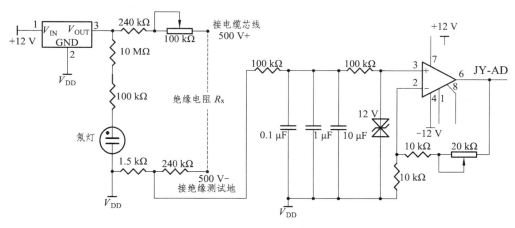

图 4.4.21　电缆绝缘测试电路原理图

（三）电缆绝缘、电源漏流测试组合

电缆绝缘、电源漏流测试合用一套继电器组合。测试组合的排列方式如图 4.4.22 所示。一套测试组合由 35 个继电器组成，分为 A，B，C，D，E 层。其中 E 层为基本转换组合，其他 4

层为电缆芯线转换组合，接电缆芯线。组合内继电器接点形成树形阵列开关，选路网络具有互切特性，如图 4.4.23 和图 4.4.24 所示，保证同一时刻只有一条电缆芯线被选通，不会发生混线现象。根据车站所需测试的电缆芯线数量来选用测试组合，电缆绝缘、漏流测试继电器组合选用与电缆芯数的对应关系如表 4.4.1 所示。每一套测试组合最大容量为 256 根电缆芯线，每台采集机测试电缆的最大容量为 768 路。

表 4.4.1　电缆绝缘、漏流测试继电器组合选用

电缆芯线数量	组　合
1～64 条	E＋A
65～128 条	E＋A＋B
129～192 条	E＋A＋B＋C
193～256 条	E＋A＋B＋C＋D

当绝缘测试路数在 256 路以内时，使用 E、A、B、C、D 共 5 层组合中的几层组合，其继电器受综合采集机上 C1-D4 的开关量输出板控制吸起。当绝缘测试路数大于 256 路小于 512 路时，需再增加 E'、A'、B'、C'、D' 五层组合，同时在综合采集机上对应增加 C1-D5 的开关量输出板。

E层

1	2	3	4	5	6	7	8	9	10
J30	J31	J40	J50	J60	J71	J80	J90	JA0	E10

E'层

1	2	3	4	5	6	7	8	9	10
J30'	J31'	J40'	J50'	J60'	J70'	J80'			

A层

1	2	3	4	5	6	7	8	9	10
J00	J01	J02	J03	J10	J11	J20	JB0	JB1	A10

A'层

1	2	3	4	5	6	7	8	9	10
J00'	J01'	J02'	J03'	J10'	J11'	J20'			

B层

1	2	3	4	5	6	7	8	9	10
J04	J05	J06	J07	J12	J13	J21			

B'层

1	2	3	4	5	6	7	8	9	10
J04'	J05'	J06'	J07'	J12'	J13'	J21'			

C层

1	2	3	4	5	6	7	8	9	10
J08	J09	J0A	J0B	J14	J15	J22			

C'层

1	2	3	4	5	6	7	8	9	10
J08'	J09'	J0A'	J0B'	J14'	J15'	J22'			

D层

1	2	3	4	5	6	7	8	9	10
J0C	J0D	J0E	J0F	J16	J17	J23			

D'层

1	2	3	4	5	6	7	8	9	10
J0C'	J0D'	J0E'	J0F'	J16'	J17'	J23'			

图 4.4.22　绝缘、漏流测试组合

绝缘、漏流测试组合中有两个固定位置不是继电器，即 E10 和 A10。E10 为灯丝漏流测试单元，A10 为绝缘测试单元。

在绝缘、漏流测试组合 A 层的第 10 个继电器位置，固定安装绝缘测试表。绝缘测试表工作用的 220 V 电源由测试组合的 J80 继电器控制，当 J80 吸起时接通电路，向绝缘测试表供电，绝缘表输出 500 V 直流电压，再经过 J80 的吸起节点送往绝缘测试组合。

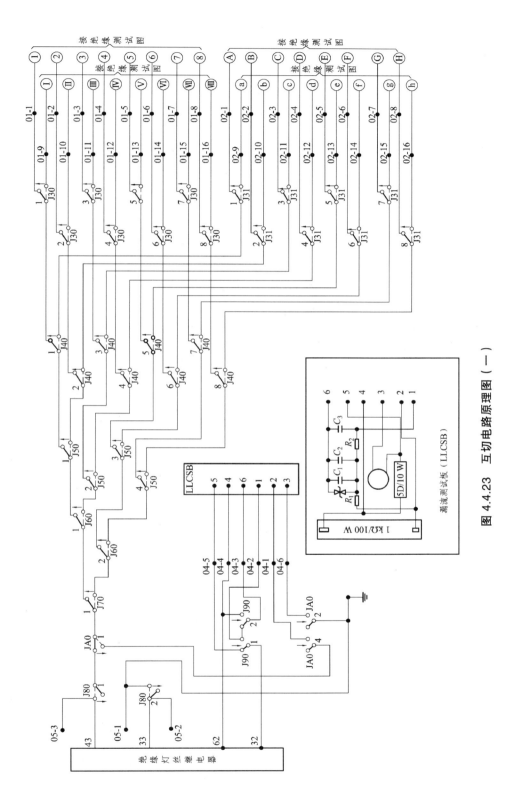

图 4.4.23　互切电路原理图（一）

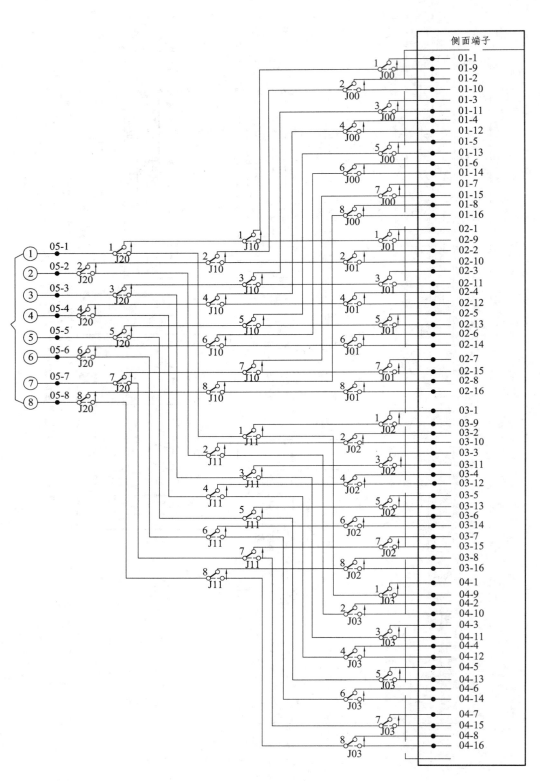

图 4.4.24 互切电路原理图（二）

（四）电缆绝缘测试案例分析

绝缘测试时,若所有的测试数据都大于 20 MΩ 或某一路电缆绝缘测试数据和使用兆欧表测试数据相差很大,最可能的原因就是直流 500 V 测试电压没有送出,需要查找故障点。查找故障点时应参照电缆绝缘测试单元接线图,如图 4.4.25 所示。

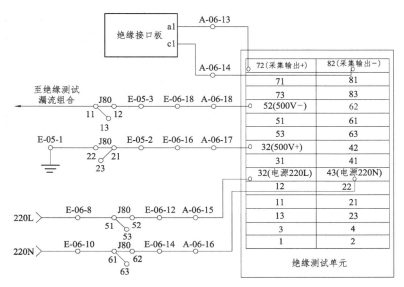

图 4.4.25　绝缘测试单元接线图

首先检查 E 层 05-1 上是否接设备地,以确保与测试地构成回路。

再次检查机柜到 E 层的交流 220 V 电源是否送到绝缘表上。

交流 220V 电源路径:E-06-8,E-06-10→绝缘测试组合继电器(J80)接点→E-06-12,E-06-14→A-06-15,A-06-16→绝缘表 33,43 接点。

如果交流 220 V 电源没有问题,最后检查绝缘表 500 V 直流电是否送出。使用万用表千伏直流电压挡,正表笔接地,负表笔接需测试的绝缘电缆,此时在监测主机上进行对应电缆的绝缘测试。当电缆绝缘良好而未接地时,万用表应能测到测试的 500 V 直流电压。

如测不到测试电压,应先确认电缆绝缘良好,然后检查绝缘组合地线是否接好。确认无误后再根据 500 V 电压路径逐个检查各节点上能否测到 500 V 电压,以判断是哪部分电路出了问题。

500 V 直流测试电压输出的路径:绝缘表→A 层侧面 06-17,18→E 层侧面 06-16,18→E 层侧面 05-2,3→绝缘测试组合继电器接点→绝缘组合输出侧面端子→分线盘或电源屏的对应电缆。

十一、电源漏流测试

（一）电源漏流测试流程

电源漏流测试流程如图 4.4.26 所示,综合采集机接收站机的测试命令,通过开关量输出板驱动继电器接点网络动作,将要测试的电源线(电缆线)接入漏流采样电路进行采样。采样电压信号经过量化转换为 0~5 V 直流电压后,送到综合采集机模拟量输入板，然后由综合采集机 CPU 板选通进行 A/D 转换。

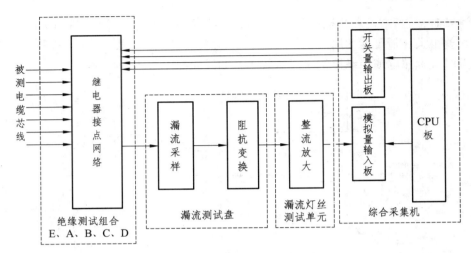

图 4.4.26　电源漏流测试流程

（二）漏流测试原理

电源漏流采样原理如图 4.4.27 所示，被测电源电缆芯线通过继电器接点选路网络接到电源漏流测试板上。为了提高测试精度，对交流和直流电源通过继电器切换到不同的测试电路进行测试。测交流电源漏流时，JA0 吸起，J90 落下，在 50 Ω 电阻上采样；测直流电源漏流时，JA0 吸起，J90 吸起，在 1 kΩ 电阻上采样。

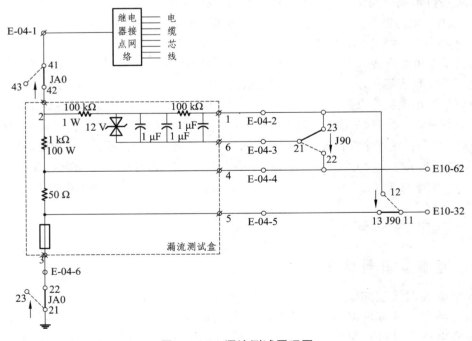

图 4.4.27　漏流测试原理图

（三）漏流测试案例分析

漏流测试时，所有交流均大于 100 mA 或所有直流均大于 1 mA 的原因分析如下：

如果实测正常，则是微机监测采集问题，可能的原因是：漏流测试表损坏，或漏流电阻防护盒损坏，或监测机柜内用于漏流测试的电流模拟量输入板损坏。

十二、外电网质量采集

外电网质量采集器为箱盒式，就近安装在外电输入开关附近。采集电路如图 4.4.28 所示，每个外电网质量采集箱内放置 2 个 J6380W-I 型电源功率采集模块，分别接收 1 路和 2 路输入电源的电压和电流信息，电压采集线需经过空气开关的防护再接往采集模块，外部电流采集传感器输出线接至右上方的电源端子。采集模块将采集的电压和电流直接转换成数字信息，并计算出相位角和功率数值输出。采集模块使用直流 12 V 电源，输出使用 RS-485 总线，接通信接口分机。

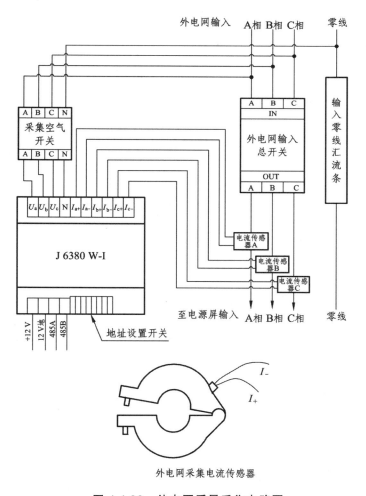

图 4.4.28　外电网质量采集电路图

外电网采集的相位角是根据电压采集判断的，正常情况下三相相位角均为120°。当其中任意两相配线反时，同一路外电的3组相角都会变成240°。

外电网采集主要是要核对采集的电压和电流各相与实际采集的外电相序是否一致。检查电压的方法为：同相间量电压，如外电网箱的A相对采集的A相量，应没有电压值；而A对B，A对C量都是380V。电流采集必须与电压采集的相序一致，即A相电压与A相电流一一对应。

当程序显示外电网功率信息时，应注意总功率等于各相功率之和。若数值不等，或相功率比总功率数值还大，需要检查电压和电流采集是否一一对应，配置文件中的倍率是否过大。

外电压采集电压较高，放置和配线的位置均为带电危险区，电压采集点无空开保护，因此监测调试人员不得擅自接触相关的采集配线，对配线的任何修改都要由施工人员完成。

十三、电源屏瞬间断电、错序、断相和断电的监测

（一）电源屏两路输入电源瞬间断电的监测

一路380 V电压只产生一个瞬间断电报警信息。开关量表示瞬间断电的报警条件是：一相电压小于额定值的65%，持续时间大于140 ms但小于1 s。

瞬间断电监测原理如图4.4.29所示，三组电源经过高阻降压后，输入隔离模块，把电压信号转换为开关信号，然后输入到综合采集机开关量输入板。综合采集机CPU高速扫描开关量的状态变化，当低电平持续时间超过140 ms即有报警输出。

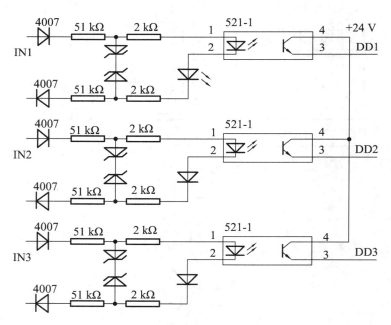

图4.4.29 瞬间断电监测原理图

（二）错序的监测

一路 380 V 电压只产生一个错序报警信息,用灯位来显示。错序的报警条件是:一路 380 V 电压 a 点、b 点之间夹角,b 点、c 点之间夹角,c 点、a 点之间夹角超过 120°±2°。

错序识别电路原理如图 4.4.30 所示,输入的三相电源经错序识别电路,转换为表示相序状态的开关量,送入开关量输入板。相序正确时,错序识别电路输出高电平;反之输出低电平,报警并记录。

图中电容器接 A 相时,则 B 相电压较高,C 相电压较低。当相序正确时,错序识别电路输出高电平,反之输出低电平。

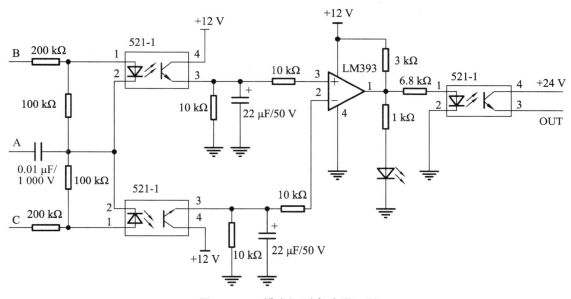

图 4.4.30　错序识别电路原理图

（三）三相电源断相报警、断电监测

断相监测只在大中型站(安装有三相交流电源屏)进行。一路 380 V 电压有一相断相(一相电压<额定值的 65%,持续 1 s 以上),立即产生该相断相报警信息。一路 380 V 电压有三个断相报警信息。此时,不能误报瞬间断电,也不能同时报错序。

三相电源断相监测电路原理如图 4.4.31 所示。

QA,QB,QC,DD1 四个输出接到综合采集机开出板最后 8 位,作为开关量输入。在三相电源没有断相的情况下,多谐振荡器输出低电平,这时 QA,QB,QC,DD1 四个输出都为高电平。其中任一相断相时,相应的输出变为低电平。当三相电源都断电或其中两相断电时,断电输出 DD1 变为低电平。

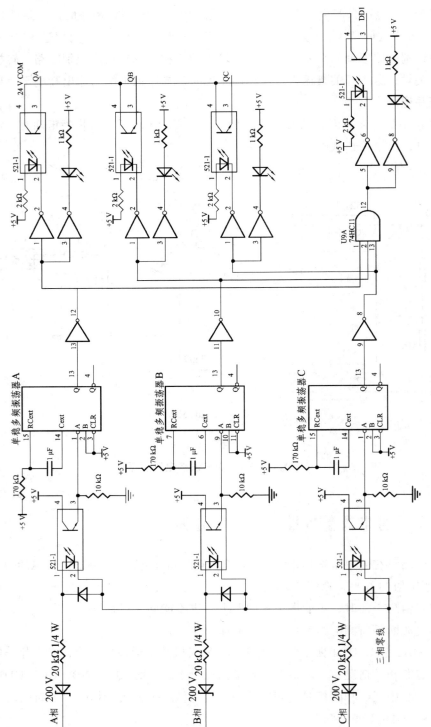

图 4.4.31 三相电源断相监测电路原理图

十四、熔丝断丝报警

安装了多功能熔丝转换单元的车站，一般都配套加装了熔丝报警设备，所以监测系统没有必要对每个熔丝的状态进行监测。一般的采样方法有两种：① 监测控制台总熔丝报警状态；② 采集熔丝报警排架灯。

熔丝报警排架灯采样原理如图 4.4.32 所示。图（a）中的接法是共报警负，图（b）中的接法是共报警正。熔丝报警电源一般有直流 12 V，24 V，50 V 三种，根据报警电源的大小，需要选择不同的开关量输入板输入参数。开关量输入板输入端稳压管和限流电阻与熔丝报警电源大小的对应关系如下：

① 报警电源为 DC 24 V 时，稳压管为 12 V，限流电阻为 6.8 kΩ。

② 报警电源为 DC 12 V 时，稳压管为 6.2 V，限流电阻为 3.3 kΩ。

③ 报警电源为 DC 50 V 时，稳压管为 12 V，限流电阻为 36 kΩ。

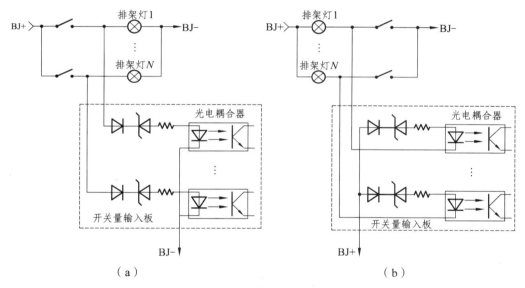

图 4.4.32 熔丝报警排架灯采样原理图

熔丝报警采集开关量输入板表示灯如图 4.4.33 所示。最上方并排的两个灯为电源灯和工作灯，正常情况下电源灯常亮，工作灯闪烁。往下为两组显示灯，一组 6 个，一组 8 个，相互组合可显示开关量输入板采集输入的 48 个开关量状态。上面 6 个灯，每个灯对应 1 组 8 个位。即当上面第一个灯亮时，下面的 8 个灯的状态表示开关量输入板的第 1 至 8 个采集的输入状态；当上面第 2 个灯亮时，下面 8 个灯表示第 9 至第 16 个采集的输入状态，依次类推。当开关量输入板正常工作，上一组的 6 个灯依次循环检测，同时下一组的 8 个灯对应显示各组采集状态。

开关量输入板右边有两组跳线，用于将开关量输入板的 a17，b17，c17 三个采集环线端子连在一起。开入板总共可采集 48 路开关量输入，对应端子位置为 a1 ~ c16。

当开关量输入板采集输入只有一种电源时，可只在 a17 上环接采集负电环线，而用跳线将其他两个端子环接在一起。如果开关量输入板上要采集不同的电源，只能 16 个端子一组分开使用，每 16 输入端子对应 17 上的一个采集环线端子。其中 a17 对应第 1 至第 16 路，b17 对应第 33 至第 48 路，c17 对应第 17 至第 32 路。

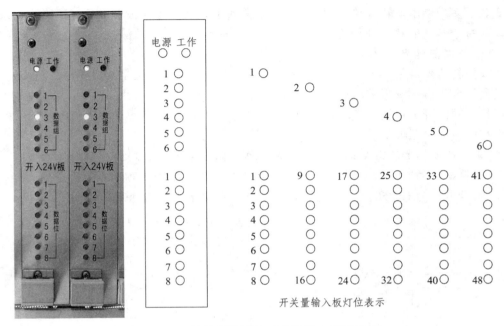

开关量输入板灯位表示

图 4.4.33　熔丝报警采集开关量输入板表示灯

十五、列车信号机主灯丝断丝的监测

列车信号机主灯丝断丝的监测方案分为两种：一种为接口方案，一种为微机监测采用的电阻方案。

第一种方案介绍如下：

站内或区间（ZPW2000A）信号机主灯丝断丝报警主机作为一个采集分机连入微机监测站机系统，分机号为 15，16，通过专门制定的 CAN 协议进行通信。微机监测主机解析断丝报警主机传送的开关量报警信息，并加以报警。这种方案的优势在于可以将报警定位到灯位。

另外一种方案是，在没有上述设备的车站，采用电阻方案。该方案只能测试站内列车信号机主灯丝断丝状况，并且无法将报警定位到灯位。方案具体实现如下：

列车信号机主灯丝断丝报警原理如图 4.4.34 所示。

主灯丝断丝监测电路是在原灯丝断丝报警电路中，增加部分检测电路，利用原断丝报警回路。为保证测试电路不影响原报警电路的正常工作，采取了如下措施。

在正常情况下，报警回路在 X1 和 X1'、X2 和 X2'处通过测试继电器 JB0 的落下接点构通。在室外信号机中增加的测试电阻并联有一个二极管，二极管的正极接报警电源的正极 Z，二极管的负极接报警电源的负极 F，二极管处于正向导通状态，测试电阻不起作用，所以不影响原报警电路。

当有主灯丝断丝时，灯丝报警继电器吸起，综合采集机利用灯丝报警继电器或灯丝报警复示继电器的一组空接点，采集到其吸起状态。然后启动采集机开关量输出（由 D4 开出板第 39，40 位输出），使测试继电器 JB0 吸起。JB0 吸起后断开原报警电路，接通检测电路，进入测试周期（时间为 3～5 秒）。

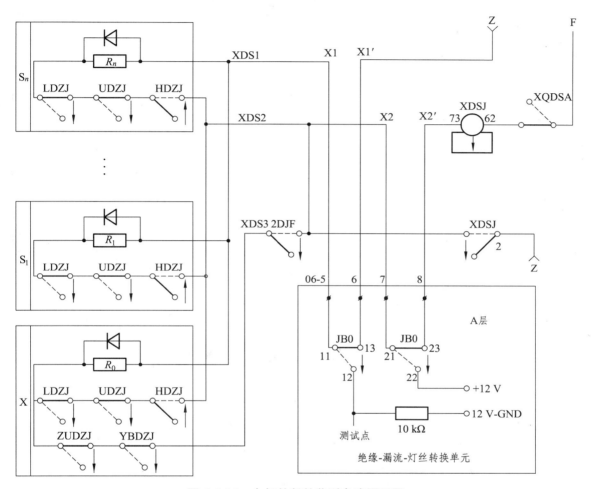

图 4.4.34　主灯丝断丝监测电路原理图

JB0 吸起后，X1 和 X1′、X2 和 X2′断开，原报警电路被切断。同时测试盒上的测试电源（+12V）通过 JB0 第二组前接点送到 X2，并送到室外 XSD2。测试电源的极性与原报警电源的极性相反，室外信号机中的测试二极管处于反向截止状态，测试电阻被串联到测试回路中，与测试盒中的 10 kΩ 电阻进行直流分压，测试点处的电压即采样电压。采样电压经过量化处理后送到综合采集机模拟量输入板（D1-24），然后由 CPU 板选通进行 A/D 转换。

不同的信号机中装入不同的测试电阻，这样每架信号机在主灯丝断丝时，都有不同的分压，采集机判断不同的分压值，从而确定是哪一架信号机断丝。

测试电阻和量化电压（模入板 D1-24）如表 4.4.2 所示。

测试电阻安装注意事项：

① 应按信号机距信号楼的距离由近及远、从小到大顺序安装。

② 距信号楼最近的信号机不安装测试电阻。

③ 如果该咽喉信号机多于 10 架，则多架信号机使用同一种电阻，报警为架群。

表 4.4.2　测试电阻与量化电压对应表

测试电阻	量化电压
0 kΩ	5 V
2.5 kΩ	4.53 V
4.28 kΩ	3.97 V
6.6 kΩ	3.42 V
10 kΩ	2.83 V
15 kΩ	2.28 V
23.3 kΩ	1.71 V
40 kΩ	1.14 V
90 kΩ	0.57 V
∞	0.29 V

第五节　有源应答器监测装置

有源应答器监测装置通过轨道条件、上下行信号开放等条件自动监测有源应答器报文内容及临时限速命令校核，通过图形、文字的方式显示设备工作状态及应答器工作状态、临时限速命令的校核结果，通过 RS-422 接口与 CTC/TDCS 及微机监测系统通信，将设备工作状态及应答器工作状态、临时限速命令的校核等信息显示在车务终端上。

该设备实现了对有源应答器工作状态及临时限速命令设置的闭环监测，为电务现场列控设备的维护提供了必要的监测手段，为运输调度指挥提供了必要的信息，可有效降低有源应答器故障带来的安全隐患，并与 CTC/TDCS、车站联锁、微机监测系统接口，完成监测功能。

一、设备组成

有源应答器监测装置（BME）由天线（BME-A）、数据读取模块（BME-D）、报文译码单元（BME-T）组成，如图 4.5.1 所示。

天线安装在被测应答器下方，通过尾缆与安装在道旁变压器箱内的数据读取模块通信，读取被测应答器原始报文数据。

报文译码单元采用 CPCI 结构，放置于机械室组合架托盘上，完成报文数据接收及译码功能。

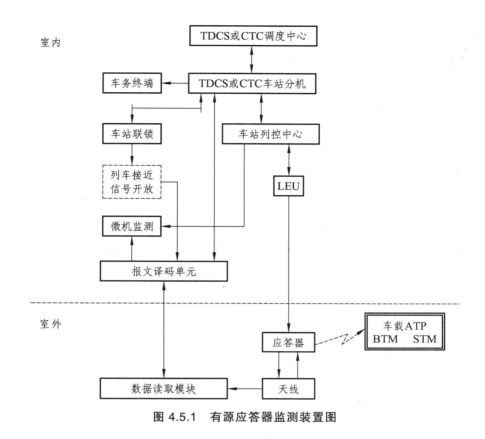

图 4.5.1　有源应答器监测装置图

二、设备接口

① BME 与 TDCS/CTC 系统采用冗余的 RS-422 串行数据通信接口进行数据通信，接收临时限速命令，发送有源应答器工作状态和临时限速命令校核结果。

② BME 与微机监测系统采用 RS-422 接口，发送有源应答器工作状态和临时限速命令校核结果。

③ BME 与车站联锁接口电路设计采用安全型继电器控制室外数据读取模块的工作状态。

④ BME 从车站联锁采集列车接近和信号开放条件。

⑤ 列车接近有源应答器前 30 s，切断该有源应答器室外 BME-D 的电源。

⑥ 列车出清有源应答器所在区段后接通室外 BME-D 的电源。

三、主要功能

① 接收有源应答器报文，根据 M_MCOUNT 变量值判断其工作状态。

② 接收临时限速命令，按照一定的逻辑关系和时机，校核临时限速报文。

③ 将有源应答器工作状态、临时限速命令的校核结果传送给 TDCS/CTC、微机监测系统。

④ BME 本身出现故障时及时将故障信息传送至 TDCS/CTC、微机监测系统。

⑤ 监测装置与 TDCS/CTC 系统、微机监测系统通信中断后，能在各系统中分别输出报警提示信息。

⑥ 具有监视、记录、日志、自检、自诊断功能及故障报警提示功能。

四、监测时机

监测时机由列车位置、信号开放和室外数据读取模块工作状态决定。数据读取模块有断电和通电两种工作状态。

（一）断电状态

BME 在列车接近有源应答器前 30 秒，切断室外数据读取模块的电源，使其处于断电状态，不进行监测。

（二）通电状态

① BME 接收到由 TDCS/CTC 发送的临时限速命令后，对发车方向的有源应答器报文进行读取、校核；当进站信号开放时，对接车方向的有源应答器报文进行读取、校核。

② BME 平时对有源应答器进行周期检测，测试应答器、电缆、LEU 工作状态。

五、BME 显示功能

BME 可在内嵌式显示器上以直观方式实现各种功能的显示。具体包括：

与 TDCS/CTC 系统的通信状态，显示正常/故障；与微机监测系统的通信状态，显示正常/故障；列车接近；进站信号；应答器通道连接状态；应答器状态，与 TDCS/CTC 显示方式一致；监测数据；变量 M_MCOUNT 的值；临时限速命令数据；应答器报文数据；记录日志。

第六节　ZPW2000 监测子系统

对于既有线路的 ZPW2000 轨道电路，对其电气性能的监测有两种方式：一种就是铁路信号集中监测系统直接对 ZPW2000 各主要电气特性进行采集；另一种是通过 ZPW2000 监测子系统完成采集监测，通过接口将数据送给铁路信号集中监测系统。第一种方式前面内容已经涉及，本节主要介绍 ZPW2000 监测子系统。

一、系统构成

ZPW2000A 型监测与辅助维修系统由无绝缘采集衰耗器、无绝缘采集发送检测器、分线采集器及维护终端等组成，如图 4.6.1 所示。对 ZPW2000A 设备的监测由 ZPW2000A 辅助维修系统和既有微机监测系统共同完成。

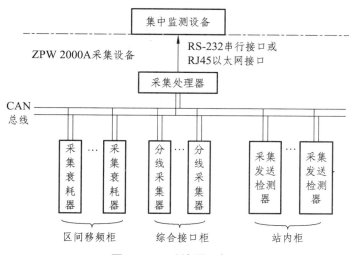

图 4.6.1　系统原理框图

系统对 ZPW2000A 轨道电路移频信息及特性开关量的采集设备主要有 3 种类型：采集衰耗器、分线采集器和采集发送检测器。其中采集衰耗器和分线采集器完成对区间的 ZPW2000A 设备信息的采集，采集发送检测器完成对站内电码化的 ZPW2000A 设备信息的采集。

各采集分机采集实时数据，通过 CAN 总线通信方式传给采集处理器，由采集处理器对数据按区段进行组织汇总和逻辑处理，形成处理结果。例如，区段红光带判断、道床电阻测算、设备状态报警等，以黑匣子形式，通过高速数据通信接口将监测结果发送给微机监测主机。ZPW2000A 设备监测信息显示、数据记录查询和关键故障报警在微机监测主机上实现，并通过既有监测网络上传到各级终端。

二、技术特点

ZPW2000A 辅助维修系统对系统主要信息的采集是通过在 ZPW2000A 系统原衰耗器和发送检测器设备内部增加监测处理板的形式来实现，通过利用原设备空闲背面端子连接到 CAN 总线上将采集结果输出。此种方式避免了集中采集方式采集线过长易对主设备造成干扰的安全隐患问题，也不存在就近采集方式现场安装困难、对设备既有配线影响较大的问题。此种方式对于现场既有 ZPW2000A 设备进行监测改造实施起来最为简易。

系统结合了 ZPW2000A 轨道电路的传输特性，以采集器采集到的现场实时数据为依据，除实现了常规监测功能外，还可以在集中监测平台上实现丰富的专家分析诊断功能。系统实现了对区段应用环境下道床条件的测算，通过现场数据变化对设备异常给出预警和故障诊断信息，并能将采集设备状态、采集数据、预警诊断信息实时提交信号集中监测系统站机。

三、采集设备

（一）采集衰耗器

采集衰耗器是区间信息的主要采集设备。

由于衰耗器是区间设备信息较集中且最全面的地方，对衰耗设备进行升级，从衰耗器内部来实现对 ZPW2000A 系统进行采集监测，实现采集功能，改造起来对既有运行 ZPW2000A 设备的影响也最小。

1. 采集对象及内容

采集衰耗器采集的对象是区间 ZPW2000A 设备主要信息。

采集的内容有 12 种模拟信号量和 13 种开关信号量。

模拟信号量：发送功出电压，功出电流，功出信号的载频、低频；主轨入信号的电压、载频、低频；小轨入信号的电压、载频、低频；主轨出信号电压与小轨出信号电压。

开关量：发送器 24 V 工作电源状态、发送器设备工作状态、接收器 24 V 工作电源状态、接收器设备工作状态；接收器 XGZ 输出状态、接收器 XGB 输出状态、衰耗器 XG 输出状态、接收器 XGJ 输入状态；接收器 GZ 输出状态、接收器 GB 输出状态、衰耗器 G 输出状态；衰耗器上 ZFJ，FFJ 输入状态。

2. 安装方式

采集衰耗器安装方式与旧衰耗设备兼容，新的采集衰耗器设备与旧衰耗设备在现场可互换。

为了对电流信息进行采集，在移频架发送器背面空闲位置增加了一个电流传感器。采集衰耗器所采集到的信息通过 CAN 总线输出。CAN 通信线从衰耗设备背面的万可端子接线板引到移频架零层的空余端子。采集衰耗器到电流传感器连线及 CAN 通信线都是从原来衰耗设备背面的万可端子接线板的空端子引出，对既有的连接线无影响。新增配线如图 4.6.2 所示。

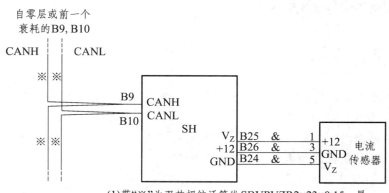

(1)带"※"为双芯扭绞话筒线SBVPVZR2×23×0.15，屏蔽层全部环接起来，一端接机柜地线；
(2)带"&"为阻燃线AVRZR23×0.15，配线时互相扭绞。

图 4.6.2　新增配线示意图

无绝缘采集衰耗器面板上比衰耗器面板多一个"监测"指示灯、一个开关、一个 1A 保险及一个"DB9"插头。正常工作时"监测"指示灯常亮。"DB9"插头用于封连不同区间点的载频及地址。保险和开关为采集衰耗器独立电源的开关和保险，当采集部分发生故障时不会影响其衰耗器的功能。

（二）采集发送检测器

采集发送检测器是站内电码化发送设备的采集设备。采集发送检测器的结构与旧的发送检测器相同，只是在面板上增加了监测状态指示灯和内部监测电源开关和保险。

1. 采集对象及内容

采集发送检测器采集的对象为站内发送设备。采集的内容有 8 种模拟信号量和 4 种开关信号量。

模拟信号量：发送功出电压，功出电流，功出信号的载频、低频。

开关量：发送器 24 V 工作电源状态、发送器设备工作状态。

2. 安装方式

采集发送检测器安装方式与旧发送检测设备兼容，新的采集发送检测器设备与旧发送检测器设备在现场可互换。

为了对电流信息进行采集，在站内移频架发送器背面空闲位置增加了一个电流传感器。采集发送检测器所采集到信息通过 CAN 总线输出。CAN 通信线从发送检测设备背面的空端子引到站内移频架零层的空余端子。采集发送检测器到电流传感器连线及 CAN 通信线都是从原来发送检测设备背面的空端子引出，对既有的连接线无影响。新增配线如图 4.6.3 所示。

无绝缘采集发送检测器面板上比原发送检测器面板多一个"监测"指示灯、一个监测电源开关、一个 1A 保险及一个"DB9"插头。正常工作时"监测"指示灯常亮。"DB9"插头用于封连不同区间点的载频及地址。保险和开关为采集发送检测器独立电源的开关和保险，当采集部分发生故障时不会影响其发送检测的功能。

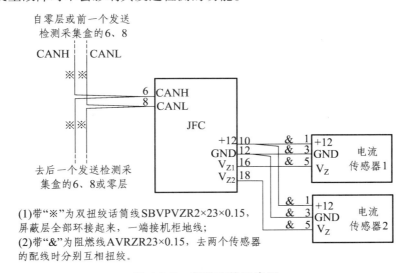

(1)带"※"为双扭绞话筒线SBVPVZR2×23×0.15，屏蔽层全部环接起来，一端接机柜地线；
(2)带"&"为阻燃线AVRZR23×0.15，去两个传感器的配线时分别互相扭绞。

图 4.6.3　新增配线示意图

（三）分线采集器

1. 采集点及采集内容

分线采集器的采集点在室内外分界的区间综合柜零层端子。

分线采集器支持 12 路信号输入，可同时采集到 6 个区段的送端、受端主轨道信号的电压、载频、低频。

2. 安装方式

分线采集器的结构设计与防雷电缆模拟网络相同，安装在区间综合柜的防雷电缆模拟网络组匣内，以方便对分线盘信号的就近采集。

无绝缘分线采集器面板上有一个"监测"指示灯、一个监测电源开关、一个 1A 保险及一个"DB9"插头。正常工作时"监测"指示灯常亮。"DB9"插头用于封连不同区间点的载频及地址。保险和开关为分线采集器独立电源的开关和保险，当设备发生故障时不会影响供电系统。

（四）采集处理器

采集处理器是 ZPW2000A 微机监测及辅助维修系统的关键处理设备，在系统中完成以下功能：

① 检查采集设备的 CAN 通信状态，故障时通过监测站机给出示警信息，有通道自愈功能。

② 根据现场采集到的数据，结合轨道电路的传输特性，实时折算出当前时刻的道砟电阻，实现了对道床状况的定量描述。

③ 根据从现场采集到数据的变化，判别区段的状态——空闲、占用、预警、故障红光带和飞车（分路不良），分析小轨道信号电压异常、道床恶化等故障，给出报警状态。

④ 将采集设备采集到的轨道电路设备信息和采集处理器处理得到的道砟电阻值、报警状态实时传送给集中监测站机。

⑤ 采集处理器采用的是 Windows 操作系统平台，并用 Visual C++语言编程。程序使用多线程技术，各线程独立运行，相互之间使用队列交换数据。

四、微机监测站机扩展 ZPW2000A 监测功能

微机监测站机是面向电务维护部门的窗口，ZPW2000A 设备监测信息显示、数据记录查询和关键故障报警提示在微机监测主机上实现，并通过既有监测网络上传到各级终端。

在 ZPW2000A 辅助维修系统实时采集数据和处理结果的支持下，微机监测站机上对 ZPW2000A 设备除了具有实时测试、报表、曲线、统计等常规的监测功能以外，还能够实现以下专家系统功能：

① 根据采集处理器传送的区段道砟电阻，给出反应道砟电阻变化的日曲线，按月统计道

砟电阻低于预警值的时间，实现了对道床状况的定量描述，为现场线路维护整治提供了依据。

② 根据采集处理器上传的报警状态，分析小轨道信号电压异常、道床恶化等故障，检查或预警引接线断线、补偿电容丢失，给出报警提示和维修指导意见。

③ 根据区段的长度、载频等基本参数，给出 ZPW2000A 移频信号在室内外各传输环节参考电压范围。

④ 可以检查 ZPW2000A 设备在现场运用中实际的发送、接收电平级配置，给出符合调整表的发送电平、接收电平级调整接线。

⑤ 对历史事件进行回放，结合特性分析曲线，帮助对 WPW2000A 系统出现的特殊故障进行事故追踪和查找分析。

复习思考题

1. 信号微机监测系统监测站机的系统管理功能有哪些？
2. 综合采集机有哪些功能？
3. 采集机有什么作用？有哪两种形式？各有什么特点？
4. 智能采集单元如何与站机进行通信？
5. 智能采集单元的电源指示灯和运行指示灯正常，但无法通信，试分析原因。
6. 开关量采集方案有哪几种？
7. 电流采集一般应用什么方案？使用哪种传感器？
8. 通信接口分机的主要作用有哪些？
9. 12 V 大功率电源主要给哪些设备供电？
10. 25 Hz 相敏轨道电路相位角的采集应注意什么？
11. 采集 1DQJ 状态的目的是什么？采集原理是什么？
12. 三相交流转辙机功率曲线如何采集？
13. ZPW2000 移频接收采集器采集哪些状态？如何采集？
14. 电缆绝缘测试的基本原理是什么？
15. 漏流测试盒的作用是什么？
16. 漏流测试时，所有交流均大于 100 mA 的原因是什么？
17. 电缆绝缘测试某一路数据和使用兆欧表测试数据相差很大时，如何处理？
18. 列车信号主灯丝断丝的监测方案有哪两种？
19. 有源应答器监测装置有什么作用？由哪几部分组成？
20. ZPW2000 监测子系统由哪几部分组成？

第五章

监测系统的使用及维护管理

第一节　站机软件的使用

　　铁路现场电务人员主要通过信号集中监测系统的站机，调看信号设备的运用状态、报警信息、数据处理及控制，进行监测的系统管理。各种型号的监测系统站机软件使用方法大同小异，下面以卡斯柯信号有限公司的铁路信号综合监控系统（功能覆盖卡斯柯公司的 2000 型微机监测系统、2006 型微机监测系统）站机的使用为例，介绍站机软件的使用。

一、站机软件功能总体介绍

　　站机软件分为两个部分：测试部分和监视部分。测试部分功能主要包括模拟量实时（现时）值、报表、曲线显示等功能。监视部分功能主要包括对电务、车务、电力、工务的各种数据进行事后查询功能和报警查询功能、系统管理功能。

　　双击可执行文件 csds.exe 或者它的快捷方式启动程序，需要注意的是，程序只允许一个实例运行，如果已经有一个站机程序运行了，则激活那个已经打开的程序。按"Ctrl + Shift + Q"可退出程序。

（一）测试部分功能

　　如图 5.1.1 所示的画面中，"标题栏"显示"测试部分"；"菜单栏"显示出测试部分全部功能；"工具条"显示主要功能的快捷操作方式。

图 5.5.1　测试功能屏幕显示

其中，"菜单栏"显示的功能有：

① 电源屏电压实时值、日报表、日曲线、月曲线、年趋势显示；

② 轨道电压的实时值、日报表、日曲线、月曲线、年趋势显示；

③ 道岔的启动电流曲线、动作次数显示；

④ 信号机暂无此功能；

⑤ 绝缘的命令测试、现时值显示；

⑥ 漏流的命令测试、现时值显示；

⑦ 移频接收电压、发送电流显示，移频频率实时值、日报表显示；

⑧ 电码化电压，移频电压实时值、日报表显示；

⑨ 空调参数实时值、日报表显示，区段信号及环境监测；

⑩ 作业监控、工作任务查看、天气设置；

⑪ 综合信息分析、区间移频信息显示；

⑫ 模拟 NPC 开关量、通信状态图、当前开关量状态图显示；

⑬ 文字属性显示。

（二）监视部分功能

如图 5.1.2 所示的画面中，"菜单栏"显示的功能有：

图 5.1.2 监视功能屏幕显示图

① 监督电务部门的站场存储、站场再现、关键设备使用统计、开关量变化历史数据、模拟量历史数据；

② 监督车务部门的破封按钮使用统计、使用记录，控制台按钮使用记录；

③ 监督电力部门的电网电压波动报警、三相电源断电报警、三相电源断相报警、三相电源错序报警；

④ 监督工务部门的道岔启动电流、道岔动作次数统计；

⑤ 所有报警显示；

⑥ 系统工作日志、CAN 网运行情况、WAN 网运行情况管理功能。

二、主要功能使用方法

（一）模拟量实时显示

用鼠标点击"工具条"图标 ，屏幕显示如图 5.1.3 所示。

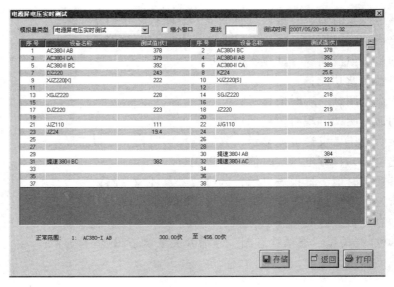

图 5.1.3　模拟量实时屏幕显示

模拟量实时（现时）值显示：包括电源电压、轨道电压、绝缘、漏流、区间点模拟量、电码化模拟量等。其中，序号表示该设备在配线表中的位置，后面是设备名称，再后面是测试值。在显示时，蓝色表示数据正常，红色表示数据报警。

轨道电压在测试值后显示出此数据测试时轨道所处状态。如果轨道处于调整状态，则显示调整；否则显示分路。

电源电压、轨道电压、移频接收电压和电码化电压、电流是实时更新的，每秒一次。绝缘电阻和漏流显示最新数据，可以在表格中用鼠标双击，进行当前设备测试。

1. 报表数据显示

用鼠标点"工具条"图标，屏幕显示如图 5.1.4 所示。

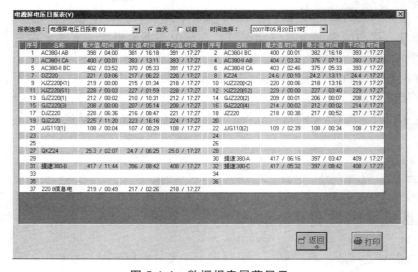

图 5.1.4　数据报表屏幕显示

其中，在"报表选择"中，可以选择电源屏电压、站内轨道电压、移频接收电压、移频频率、电码化电压和电码化电流各种日报表等。在"种类选择"中，可以选择"当天"和"以前"。如果是"当天"，则在"时间选择"中显示此表格的最新时间；如果是"以前"，则可以选择报表的日期进行查看。

报表显示中，电源电压、电码化电压、移频接收电压、电码化电流有当日最大、当日最小、当日平均三个值以及当时的时间；轨道电压有当日调整最高、当日调整最低、当日分路最高三个值以及当时的时间。显示中，蓝色表示数据正常，红色表示数据报警。

2. 曲线显示

用鼠标点"工具条"图标 ，屏幕显示如图 5.1.5 所示。

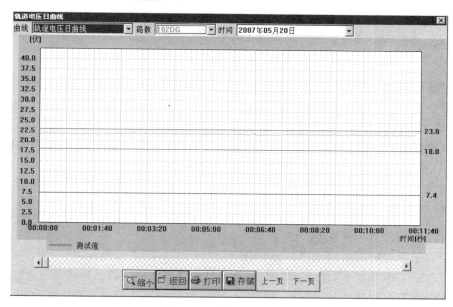

图 5.1.5　曲线屏幕显示

在"曲线"中，可以选择电源电压日、月曲线和年趋势，轨道电压日、月曲线和年趋势，道岔启动电流曲线等。在"路数"中，可以选择某路设备进行查看。在"时间"中，可以选择某时间的曲线。

在曲线图中，纵坐标表示电压值，横坐标表示日期（在日曲线中表示时刻，在月曲线中表示出一个月的天数，在年趋势中表示一年的天数）。电源电压曲线中，在曲线显示区域双击鼠标左键，可以拉伸纵坐标。在月曲线和年趋势中，用三种颜色的曲线分别表示三种曲线。其中，对于电源电压，绿色表示每日最大值，蓝色表示每日最小值，水红色表示每日平均值；对于轨道电压，绿色表示每日调整最大值，蓝色表示每日调整最小值，水红色表示每日分路最大值。报警上限和下限用红色直线在曲线图中标出。

（二）报警显示

用鼠标点"工具条"图标 ，屏幕显示如图 5.1.6 所示。

序号	设备名称	发生时刻	恢复时刻	延迟(S)
1	XYZSA	2004/09/29 14:52:38	—	—
2	XYZSA	2004/09/08 15:31:21	2004/09/08 15:42:41	680
3	XYZSA	2004/09/08 14:00:44	—	—
4	XYZSA	2004/09/08 13:59:37	2004/09/08 14:00:29	52
5	XYZSA	2004/09/08 13:57:21	2004/09/08 13:58:21	60
6	XYZSA	2004/09/08 10:32:14	2004/09/08 10:52:55	1241
7	XYZSA	2004/09/08 10:18:50	2004/09/08 10:23:47	297
8	XYZSA	2004/09/08 10:14:22	2004/09/08 10:18:38	256
9	XYZSA	2004/09/08 10:13:20	2004/09/08 10:14:07	47
10	XYZSA	2004/09/08 10:06:30	—	—
11	XYZSA	2004/09/08 09:32:28	2004/09/08 10:06:15	2027
12	XYZSA	2004/09/08 09:14:39	2004/09/08 09:26:53	734
13	XYZSA	2004/09/08 08:51:11	—	—
14	XYZSA	2004/09/07 17:41:31	—	—
15	XYZSA	2004/09/07 17:38:44	2004/09/07 17:40:15	91
16	XYZSA	2004/09/07 17:36:48	2004/09/07 17:38:15	87
17	XYZSA	2004/09/07 17:32:34	2004/09/07 17:32:36	2
18	XYZSA	2004/09/07 17:30:06	2004/09/07 17:32:35	149
19	XYZSA	2004/09/07 17:29:21	2004/09/07 17:30:06	45
20	XYZSA	2004/09/07 17:26:12	—	—
21	XYZSA	2004/09/07 08:52:52	—	—

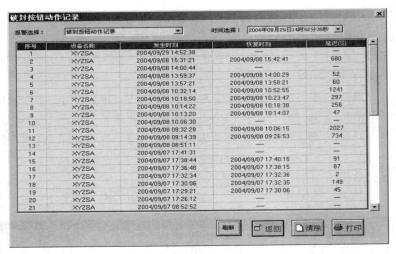

图 5.1.6 报警屏幕显示

在“报警选择”中，可以选择“道岔表示故障”“挤岔报警”“列车信号主灯丝断丝”“熔丝断丝报警”“三相电源断相报警”“三相电源错序报警”“外电网断电”等所有的报警功能，也可以选择“破封按钮动作记录”“控制台按钮动作记录”功能。

在报警表格中，“序号”表示此条信息在记录表中的位置，“发生时刻”表示报警时刻，“恢复时刻”表示报警恢复时刻，“延迟”表示报警延续的时间。

（三）关键设备使用统计

用鼠标点“工具条”图标▦，屏幕显示如图 5.1.7 所示。

在“类型选择”中，可以选择“破封按钮”“设备故障”“区段占用”“列车、调车信号”“列车调车按钮”“道岔动作”的使用统计。在“日期选择”中，可以选择某一年的统计数据。

前五类设备的使用统计显示中，有每个月使用次数和累计时间。累计时间的显示格式是“时. 分. 秒”。在“合计”栏有本年度使用统计总和。

序号	设备名称	发生时刻	恢复时刻	延迟(S)
1	12-SJ	2007/01/29 11:44:37	2007/01/29 11:44:38	1
2	NONE	2007/01/29 11:43:32	2007/01/29 11:43:33	1
3	18/20-SJ	2007/01/29 11:43:31	2007/01/29 11:43:32	1
4	15/17-SJ	2007/01/29 11:34:23	2007/01/29 11:34:25	2
5	NONE	2007/01/29 11:34:21	2007/01/29 11:34:22	1
6	NONE	2007/01/29 11:20:29	2007/01/29 11:20:30	1
7	NONE	2007/01/29 11:20:27	2007/01/29 11:20:28	1
8	12-SJ	2007/01/29 11:19:58	2007/01/29 11:19:59	1
9	NONE	2007/01/29 11:19:56	2007/01/29 11:19:57	1
10	NONE	2007/01/29 10:52:50	2007/01/29 10:52:51	1
11	12-SJ	2007/01/29 10:52:35	2007/01/29 10:52:36	1
12	NONE	2007/01/29 10:52:33	2007/01/29 10:52:34	1
13	12-SJ	2007/01/29 10:28:39	2007/01/29 10:28:40	1
14	NONE	2007/01/29 10:28:37	2007/01/29 10:28:38	1
15	NONE	2007/01/29 10:22:40	2007/01/29 10:22:41	1
16	9-SJ	2007/01/29 10:22:39	2007/01/29 10:22:40	1
17	15/17-SJ	2007/01/29 10:19:24	2007/01/29 10:19:25	1
18	NONE	2007/01/29 10:19:22	2007/01/29 10:19:23	1
19	NONE	2007/01/29 10:09:40	2007/01/29 10:09:41	1
20	18/20-SJ	2007/01/29 10:09:38	2007/01/29 10:09:39	1
21	12-SJ	2007/01/29 10:03:36	2007/01/29 10:03:37	1

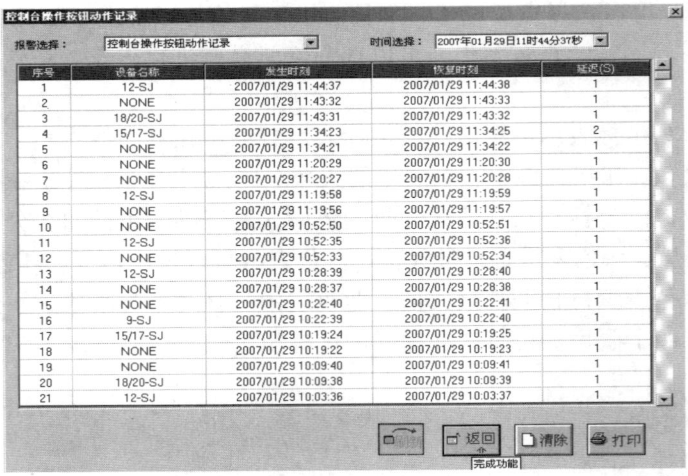

图 5.1.7 关键设备使用统计显示

（四）站场存储

用鼠标点"工具条"图标 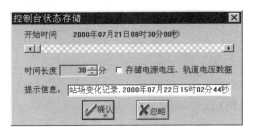 ，屏幕显示如图 5.1.8 所示。

图 5.1.8　站场存储屏幕显示

系统提供站场数据的永久保存功能，首先拖动滚动条输入需要存储数据的开始时间；在"时间长度"栏中，可以选择最长 120 分钟存储时间。

（五）站场再现

用鼠标点"工具条"图标 ，屏幕显示如图 5.1.9 所示。

如果以前保存了站场状态数据，则左上角一开始就列出所有保存的数据文件的序号和时间。在"文件内容"栏中列出文件信息，其中"起始时间"显示所保存的数据的开始时刻，"终止时间"显示所保存的数据的结束时间，"提示信息"显示保存的数据的标记信息。

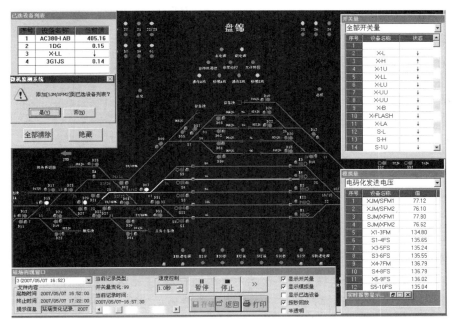

图 5.1.9　站场再现屏幕显示

当选择了再现文件后，就可以选择播放速度。操作类似于 Windows NT 中的"媒体播放机"的播放方法。"速度控制"表示播放的速度。在播放前或播放过程中都可以随时改变播放速度。

在播放过程中，"当前记录时间"显示播放数据的当前时间，"模拟量记录"中显示所保存模拟量的值，"客户区"显示站场图形的变化，"回放控制"中的滚动条显示当前记录的位置。

选中复选框"显示开关量"，弹出全部开关量列表。选中"显示模拟量"，弹出全部模拟量列表，通过下拉菜单可以选择需要查看的模拟量。可以通过操作将需要查看的模拟量和开关量放在一个表中显示。

（六）参 数 修 改

用鼠标点"工具条"图标 📖，屏幕显示如图 5.1.10 所示。

输入用户密码后进入"参数修改对话框"，在"类型选择"列表框中选择要修改参数类型，在右侧编辑框中设置参数的上下限，然后点击"确认"保存。

（1）修改模拟量上下限的值

先在"模拟量选择"中选择类型，包括"电源屏电压""站内轨道电路电压""移频接收电压""电码化发送电压""电码化发送电流""电缆绝缘""电源漏流"等。然后在"路数选择"中选择模拟量，此时原来的上下限会显示出来。最后输入上下限值，选择"应用"，则保存此次修改。

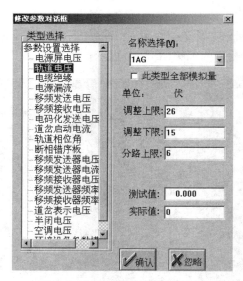

图 5.1.10　参数修改屏幕显示

（2）校正模拟量系数

先在"模拟量选择"中选择类型，包括"电源屏电压""站内轨道电路电压""电缆绝缘"等。然后在"路数选择"中选择模拟量，此时测试值会显示出来。最后输入实际值，选择"应用"，实时测试的模拟量会立即得到系数更新后的值，非实时测试的模拟量需要重新测试才能得到更新值。当选择"道岔启动电流"后，需要输入在道岔启动电流对话框中显示的电流动作值作为测试值，以及实际测试的测试值，敲回车键或选择应用，即可校正系数。下一次道岔动作之后，即可看到改正的结果。

（3）修改监测量的名称

先在"模拟量选择"中选择类型，然后在"路数选择"中选择监测量，重新输入名称，最后选择"应用"，则旧名称被新输入的名称替换。

三、出错和恢复

（一）软件出错的处理方法

一般的软件故障是指系统软件的应用程序无法运行。发生这种故障时，可以按以下步骤检查：

① 查看是否缺少软件的三个组成部分：执行文件（*.exe 文件以及一些配置文件）、静态数据配置文件（如监控站机的 station\站名\cfg 目录下的*.ini，station\目录下的 kglmap.dat，3in1.cfg）和动态链接资源（*.ocx 和*.dll 文件等）。如果这些文件丢失或被破坏，则可以使用 WinZip 程序将原备份文件解压至各自的目录中。

② 确保系统运行所需的运行库都存在。这些运行库包括：Mcan.dll，Api232.dll， ip.dll，Tview.ocx，CJ60Libd.dll，fm20.dll 等。它们必须位于执行程序所在的目录，或者位于 Winnt\system32 目录下。

③ 对于有些机器，在运行微机监测系统的同时可能还运行着其他程序（如 Word 等），此时就可能由于各种原因（如内存共享、资源冲突、操作系统的 BUG 等）导致系统退出后无法再次运行。对于这种情况，用户可以关闭系统，然后重新启动计算机。

（二）系统网络维护及故障处理

微机监测系统的网络维护对于整个系统来说是非常重要的。主要维护工作在于日常线路的检查、通道质量的维护，以及出现故障后的处理。

判断网络是否连通的方法很多，最简单的就是利用 Windows NT 下自带的 ping 命令。

用鼠标单击"开始"菜单→"程序"→"命令提示符"（相当于 Windows 98 下的 MS-DOS），此时若要测试本机和某一节点是否连通，只需在屏幕上输入：

ping 198.100.101.66（回车）

其中"198.100.101.66"是该节点的 IP 地址。此时，如果屏幕上显示"Reply from 198.100.101.66:bytes=32; time<10ms;TTL=255"，说明这段网络工作正常；如果出现"Request timed out."或其他，则表明网络不通。

排除故障可以按以下步骤进行：

① 观察网卡是否故障。

每个网卡都有 2 个 LED 指示灯，标记分别为"PWR/TX"和"LNK/RX"，表明网络工作状态。其具体意义如下：

• PWR/TX（电源/发送）：稳定绿色——计算机电源打开，并且加载到网卡上；绿色闪光——计算机向网络发送信息。

• LNK/RX（链路/接收）：稳定绿色——计算机和网络数据链路良好；绿色闪光——计算机从网络接收信息。

② 在检查完硬件连接后，检查软件设置是否正确。主要包括：TCP/IP 协议软件和网卡等驱动。

这一步骤的检测工具仍然是 ping 命令，只是现在是 ping 本机的 IP 地址，具体操作同上。如果能够 ping 通，则说明网卡驱动和 TCP/IP 安装成功。否则检查网卡的设置（如中断号、IO 地址等）是否与其他硬件冲突。如果不冲突，将网卡删除再重新安装。

（三）车站一些故障的处理

（1）站场显示不对

首先检查对应的配置文件是否被破坏。若将配置文件恢复之后仍然存在故障，则先要找到显示不对的信息的采集位置，用万用表测试采集点是否正确。若采集点不对，则需要查看具体的电路；若对，则用万用表查看到机柜的连线是否正确。这样一级一级地查下来就能找到故障原因。

（2）与 NPC 通信不正常

首先检查网卡是否坏（如前所述），若损坏，更换网卡。若更换后仍然存在故障，可能是 NPC 有问题，请检查 NPC。

（3）与服务器通信不正常

首先检查网卡是否坏（如前所述），若损坏，更换网卡。若更换后仍存在故障，可能是路由设置不对，或者通道不通。

（4）CAN 通信故障

首先查看 CAN 通信状态对话框中的状态，若某个分机工作不正常，则查看此分机。若所有分机都不正常，则可能是 CAN 通信线故障，也可能是 CAN 卡故障或采集机故障，请检查 CAN 卡和采集机。

（5）程序出现出错提示框

首先请记录提示框的信息。一般将程序退出重启即可，若还有问题，可能是数据文件出错，删除数据文件，重新启动程序即可恢复。

（6）鼠标和键盘失去作用

首先检查鼠标和键盘是否连接好。若已连接好，则重新启动计算机即可解决。若仍存在故障，则可能是鼠标、键盘损坏，更换即可解决。鼠标和键盘容易损坏，请注意平时保养。

（7）系统出现蓝屏现象

出现蓝屏现象，说明计算机的硬盘或内存可能有问题。一般重新启动计算机，即可解决；若不能解决，请记录屏幕信息，以便于查找故障原因。

（8）计算机不能正常启动

计算机不能正常启动，说明计算机的硬盘或内存条损坏。平时要对计算机进行保养，不要进行程序以外的操作。

（9）选取菜单或工具条上的对应项之后没有反应

可能是 fm20.dll 控件没有注册的缘故，进行注册（具体参见《MCIS 软件安装手册》）之后，即可解决。

第二节　信号设备故障分析

微机监测系统的普遍运用，不仅使信号维护人员的日常测试工作方法发生改变，而且使很多信号设备的电气特性可以以曲线的形式实时表现出来，让工作人员可以更直观地观察到各种信号设备的电气特性变化规律。当信号设备不良或者发生故障时，信号设备的电气特性曲线会随着发生变化，并且发现相同的信号设备发生相似故障时，其曲线变化规律也基本相同。所以掌握信号设备不良或者故障时曲线的变化规律，能够帮助工作人员发现不良或故障的信号设备。

一、正常直流道岔曲线分析

由前面内容可知，对于直流转辙机，监测系统采集动作电流；对于交流转辙机，监测系统采集输出功率。无论是动作电流曲线还是输出功率曲线，都是以时间为横轴，将一定测量时间间隔的各电流值或功率值逐点连接绘制而成的曲线。功率曲线分为 A，B，C 三相三条曲线。10 版监测系统监测交流转辙机形成的曲线可以是 A，B，C 三相电流曲线和一条总功率曲线。这些曲线蕴涵了道岔转换过程中的电气特性和机械特性。

下面以 ZD6 单机牵引道岔动作电流曲线为例，如图 5.2.1 所示，详细分析道岔动作电流曲线的时间及电流特性。

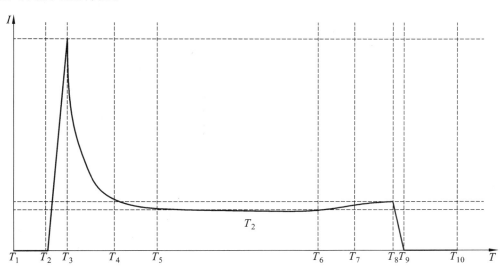

图 5.2.1　ZD6 动作电流曲线图

（一）时间特性

① $T_2 - T_1$ = 1DQJ 吸起时间+2DQJ 转极时间 ≤ 0.3 s。

② $T_3 - T_2$ ≤ 0.05 s，为 ZD6 电机上电时间。

③ $T_4 - T_1$ ≤ 0.6 s，其中 $T_3 \sim T_4$ 段为道岔解锁，密贴尖轨开始动作时间。

④ $T_7 - T_4$ = 道岔尖轨移动时间，时间的长短随转换阻力而变，一般取 $T_4 \sim T_7$ 的平均电流作为道岔动作电流。

⑤ $T_8 - T_7$ ≤ 0.25s，为尖轨密贴至道岔锁闭的时间，其电流值对应道岔的密贴力。

⑥ $T_9 - T_8$ ≤ 0.05s，为 ZD6 完成机械锁闭，自动开闭器速动接点断开电路的转换时间。

⑦ $T_{10} - T_9$ = 1DQJ 缓放时间 ≥ 0.4 s。

（二）曲线各段的含义

① 电机启动时（$T_2 \sim T_3$ 段）曲线骤升，形成一个尖峰，峰顶值通常为 6 ～ 10 A。若峰值过高，说明道岔电机有匝间短路。

② 电流至峰点后迅速回落（$T_3 \sim T_4$ 段），弧线应平顺。若有台阶或鼓包，则为道岔密贴调整过紧造成解脱困难。

③ $T_4 \sim T_5$ 段曲线基本呈水平状，略微向下。$T_6 \sim T_7$ 段为一略微向上的平顺曲线。$T_5 \sim T_6$ 段为一大半径、方向朝下的弧，谷底值与 $T_4 \sim T_5$ 段或 $T_6 \sim T_7$ 段的平均值之差，不应大于 0.4 A，否则说明工务尖轨有转换障碍（根部阻力、滑床板缺油、尖轨吊板等）。

④ $T_4 \sim T_7$ 段平均值为转辙机工作电流。曲线应平滑，若电流幅值上下抖动则有如下可能：滑床板凹凸不平、炭刷与整流子面接触不良或有污垢、电机有匝间短路。$T_4 \sim T_7$ 段曲线若有大量的回零点，则为电机转子断线。

⑤ $T_7 \sim T_8$ 段为锁闭电流，一般高于 $T_6 \sim T_7$ 段，但不应高出 0.25 A 以上，否则为道岔密贴调整过紧。当道岔进行 4 mm 试验时，在 T8 后有一串逐渐下滑的波动段，波峰与波谷间的电流之差不应大于 0.35 A，否则为摩擦带不良。

⑥ $T_9 \sim T_{10}$ 段为 1DQJ 缓放时间。

（三）双动、三动及四动道岔电流曲线

双动、三动及四动道岔，其动作过程是连续的，第一动转换完毕，其自动开闭器接点自动切断其动作电流，同时接通第二动的动作电流，以此类推。因此，其动作电流曲线是单动道岔动作电流曲线的组合，如图 5.2.2 所示。

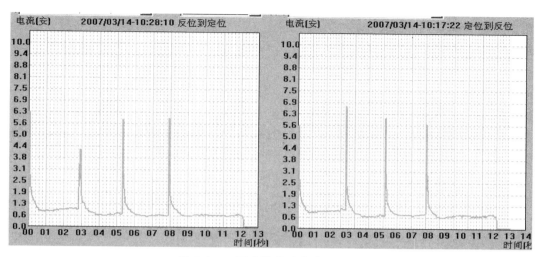

图 5.2.2 四动道岔动作电流曲线

二、典型的异常直流电流曲线分析举例

1. 启动延迟曲线（图 5.2.3）

特点：启动前有一段时间（大约是零点几秒）道岔动作电流为 0。

产生原因：可能是由启动电路中的某一个继电器接点接触不良或继电器本身不良造成。

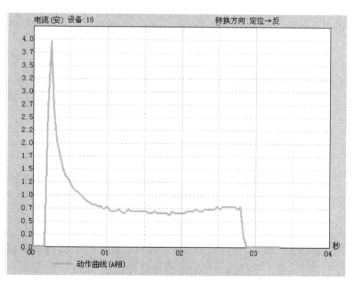

图 5.2.3 启动延迟曲线

2. 自动开闭器动作不灵活曲线（图 5.2.4）

特点：道岔机械锁闭时，电流曲线延时。

产生原因：自动开闭器的几个轴（拐轴、自动开闭速动爪轴、连接板轴）动作不灵活。

处理方法：在各轴上注钟表油或变压器油。

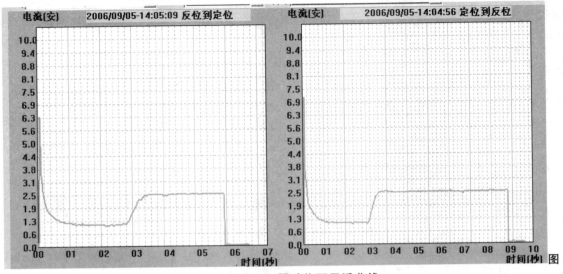

5.2.4　自动开闭器动作不灵活曲线

3. 锁闭电流超标曲线（图 5.2.5 ）

特点：道岔锁闭电流增大。

产生原因：道岔调整过紧、齿条块缺油等多种原因。

处理方法：进行密贴调整、注油等。

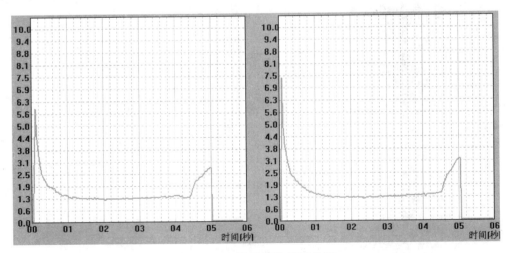

图 5.2.5　锁闭电流超标曲线

4. 动作电流不平滑曲线（图 5.2.6 ）

特点：动作电流呈锯齿状，不平滑。

产生原因：电机炭刷与转换器面不是圆心弧面接触，只有部分接触，使得电机在转动过程中，换向器产生环火；电机换向器有断格或电机换向器面清扫不良；滑床板清扫不良。

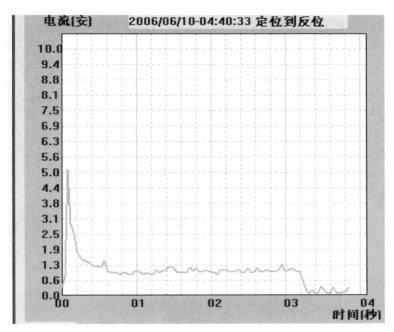

图 5.2.6　电流不平滑曲线

5. 不锁闭曲线（图 5.2.7）

特点：动作电流曲线长时间在一个固定值范围内，道岔不能锁闭，转换过程超时。

产生原因：道岔夹异物或故障电流小。

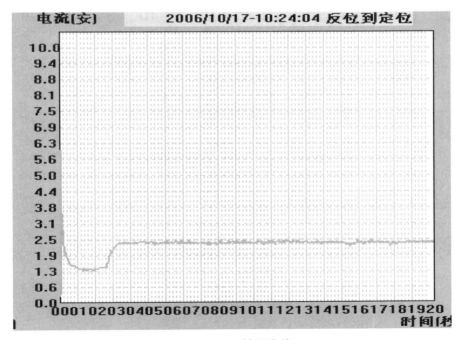

图 5.2.7　不锁闭曲线

6. 启动电路断线（图 5.2.8）

特点：动作电流几乎为 0。

产生原因：启动电路断线。

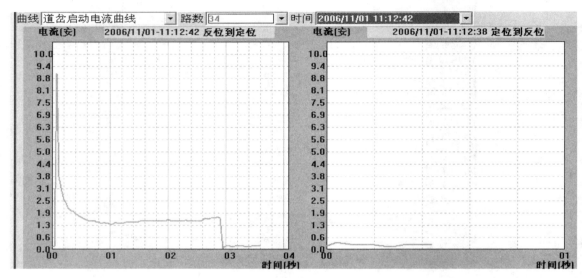

图 5.2.8　启动电路断线曲线

7. 道岔动作电流过小或 1DQJ 不良曲线（图 5.2.9）

特点：道岔转换过程中，突然自行停转，控制台无表示，实际道岔在四开状态。

产生原因：一是动作电流过小或电机特性不良；二是 1DQJ 继电器 1-2 线圈工作不良，继电器保持不住。

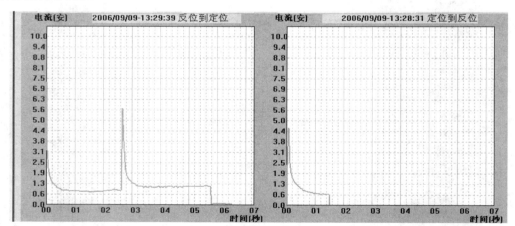

图 5.2.9　1DQJ 不良曲线

8. 抱死曲线（图 5.2.10）

从图可以判断为双动道岔的第二动产生抱死曲线。

处理方法：卸下电机后，用手摇把摇，能摇动，说明为电机抱死；摇不动，则是减速器抱死。

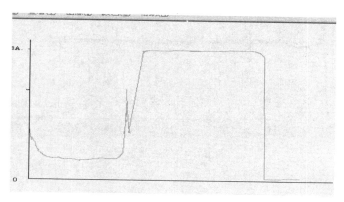

图 5.2.10   抱死曲线

9. 不能解锁曲线（图 5.2.11）

特点：启动时不能解锁，即启动时就空转。

处理方法：一是振动动作杆；二是松开密贴杆螺丝，再扳动；三是摘下动作杆，再扳动试验，同时向削尖齿注油。

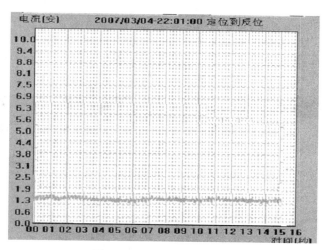

图 5.2.11   不能解锁曲线

三、典型异常交流电流曲线分析举例

以下分析的是三相交流转辙机交流电流曲线。

1. 室外二极管故障曲线

正常曲线在 5.3 s 后应该有由两项电源曲线组成的小台阶。这个小台阶在 0.5 ~ 0.6 A，如

图 5.2.12 所示。如果室外二极管故障，小台阶上升到 1 A 左右，如图 5.2.13 所示。

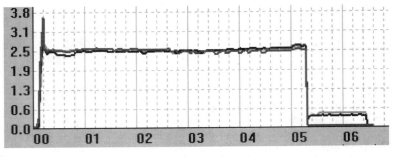

图 5.2.12　正常曲线

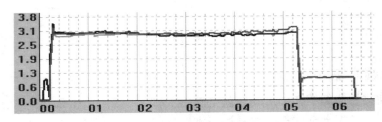

图 5.2.13　室外二极管故障曲线

2. 解锁困难曲线

由图 5.2.14 可见，该道岔在解锁时有一个向上的很大的毛刺，并且整个动作过程中电流曲线不平滑。检查发现在尖轨处有一枕木歪斜，以致枕木上的滑床板与尖轨底部形成点接触，造成道岔解锁困难。

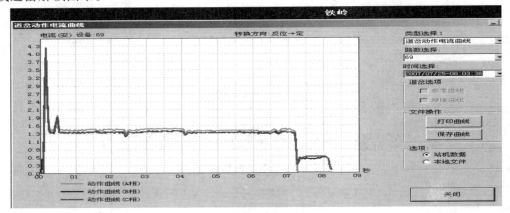

图 5.2.14　解锁困难曲线

3. 滑床板断裂曲线

从图 5.2.15 中可以看到，该道岔启动后经过 5.5 s 锁闭，但在道岔动作过程中电流曲线与以往不同，动作电流在 4 s 时发生了很大的变化，电流急剧上升。其原因为道岔尖轨左侧第三块滑床板断裂。更换完毕后扳动道岔时曲线良好。

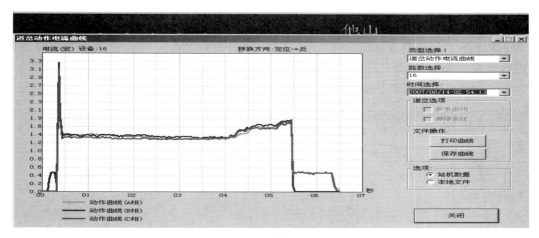

图 5.2.15 滑床板断裂曲线

4. 断相曲线

如图 5.2.16 所示，某站 S700K 道岔发生不能启动故障。电流曲线表明：A 相电流为零，说明道岔不能启动的原因是 A 相电源缺相；另外两相电流数值达到 3.5 A 左右，1 s 以后回到零位。

星形连接的三相电动机，当一相缺相，另外两相电流值能达到额定电流的 1.73 倍，造成电机线圈发热，进而烧坏电机。所以三相电机的控制电路中都要设计三相断相保护电路。在 S700K 道岔控制电路中，是以断相保护器来完成断相保护的，在一相断相时，断相保护器中电流不平衡，即输出一个直流电压驱动断相保护继电器，来切断三相电机的动作电路，使电机停转，所以，就有了如图所示的电流曲线。

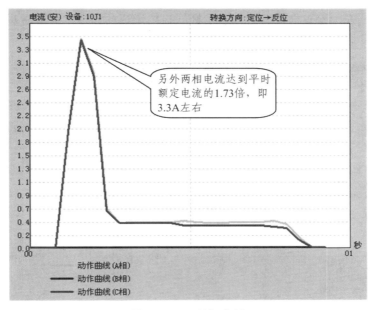

图 5.2.16 断相曲线

5. 启动电路接点接触不良曲线

图 5.2.17 所示动作电流曲线的特点是，三相电流中的一相电流为 0，另外两相也因 BHJ 的作用电流很快归 0。可以看到它的启动电流时间是很短的，只有不到 0.5 s。其原因是道岔启动电路接点接触不良，它与断相曲线相似。

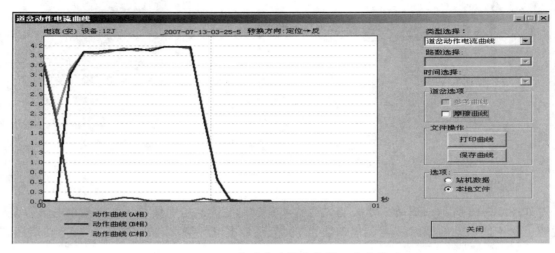

图 5.2.17　启动电路接点接触不良曲线

6. 道岔无表示曲线

如图 5.2.18 所示，此曲线没有正常曲线应该有的由两项电源曲线组成的小台阶。道岔由反位往定位扳动时，道岔定位表示没有。当时道岔从反位往定位扳动时，道岔动作电路正常，动作电流曲线平滑，但道岔在锁闭时，出现这种曲线。这基本上是由于转辙机自动开闭器动接点没有完全打过去，检查柱没有落到表示杆缺口内造成的。道岔无表示后，道岔经过许多次的反复扳动后良好。

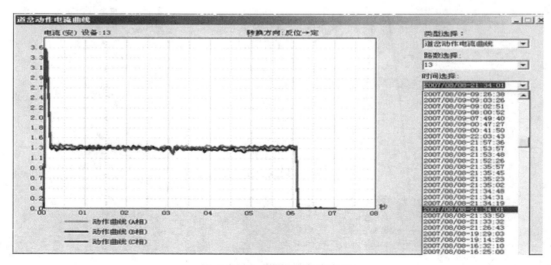

图 5.2.18　道岔无表示曲线

7. 未解锁曲线

如图 5.2.19 所示，道岔在转动 2 s 以后，动作电流开始发生变化，出现卡阻曲线。从时间上大致可以推断，此时道岔外锁闭铁还未完全解锁，即锁钩还没有落下去。发生这种故障的原因很多，有可能是道岔尖轨处轨距发生改变，使锁钩与基本轨过紧；或是道岔锁钩处生锈，造成锁钩落不下去，无法解锁；或是锁钩底部与动作杆之间夹入石头，造成锁钩落不下去，无法解锁等。

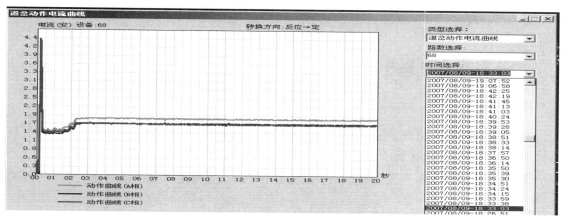

图 5.2.19　未解锁曲线

8. 卡阻曲线

如图 5.2.20 所示为道岔从反位往定位扳动时一直处于卡阻状态，经过 12 s 的动作以后开始往反位扳动的曲线，后面第 12 s 曲线上的尖是往回扳动时的启动电流曲线。经过 2 s 以后，反位表示良好。

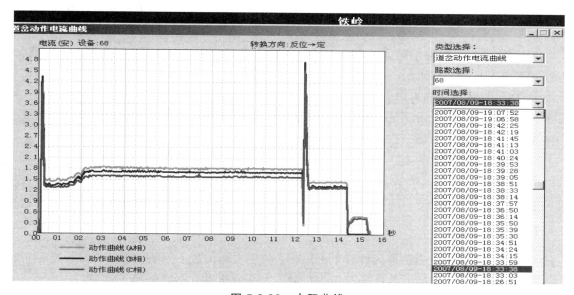

图 5.2.20　卡阻曲线

四、轨道电压曲线分析

利用微机监测设备对轨道电路运用情况进行查看，主要通过以下几部分进行：① 轨道电路日曲线；② 轨道电压实时值；③ 轨道电压日报表；④ 电气特性报警信息。查看常见的问题有：轨道电压超限、轨道电路亮红光带、分路残压超标、轨道电压波动或闪红等。对于前几种情况，进行有针对性的调整、处理、测试登记即可解决。但对于轨道电压波动问题，由于引起的原因较多，出现时机不确定，判断、处理有较大难度。

（一）故障点判断方法

1. 常见故障原因

① 轨道电路本身出现异常，例如，绝缘破损，绝缘轨距杆漏电，绝缘接头扣件碰夹板，塞钉头、连接线与钢轨接触不良等。

② 轨道电路受外界干扰，例如，牵引电流不平衡、杆塔地线漏泄影响等。

2. 故障范围判定

① 发现轨道电路曲线波动时，应对计算机储存的轨道电路曲线进行不间断查看，对第一次出现波形异常的时间进行记录，并分析此间是否进行与该轨道电路有关的检修或配合其他单位的作业，有针对性地进行查找。同时，对频繁发生的时段、最大值、最小值及发生时间认真记录，结合当时的天气、气温情况进行分析。

② 对相邻轨道电路区段电压曲线进行调看，检查是否也有电压波动的情况，波动时机是否相同。如果同一时间两区段同时波动，即可判断为两区段相邻的轨道绝缘破损或其公共部分有异常。

③ 对波形发生异常的时间点进行记录，同时调看当时站场平面图，了解列车运行情况，观察波形异常是否与列车运行有关。

④ 用一只较精密的万用表（MF-35）对正常时的轨道电路进行测试，记录详细数值。在电压波动时用同一只万用表进行测试，对比数据，分析故障范围。对轨道电压偶尔出现不稳的情况，必要时蹲点守候，在出现异常时及时测试。

（二）典型曲线分析

1. 分路不良曲线

如图 5.2.21 所示，当轨道区段有车占用时，轨道电压出现不同幅度的不正常波动，有时会突破分路上限。这种情况多见于雨后或长期不走车的轨道电路区段。

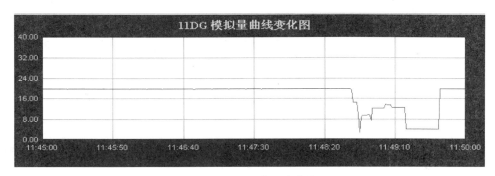

图 5.2.21　分路不良曲线

2．站内轨道电路设备不良电压曲线

如图 5.2.22 所示，站内轨道电路设备不良，一般多见于轨道电路扼流变压器不良，分割绝缘不良，道岔安装装置绝缘不良，轨道电路限流电阻簧片接触不良，轨端接续线、跳线塞钉或连接螺丝接触不良等，这些都会造成轨道电路电压出现不同幅度下降和曲线波动。

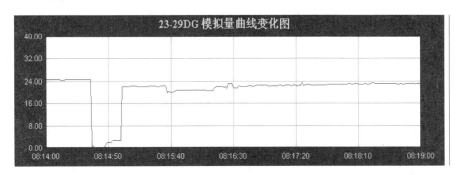

图 5.2.22　设备不良曲线

3．临时地线干扰曲线

如图 5.2.23 所示，接触网停电作业时，往钢轨上挂临时地线造成轨道电路电压时高时低、曲线异常波动。

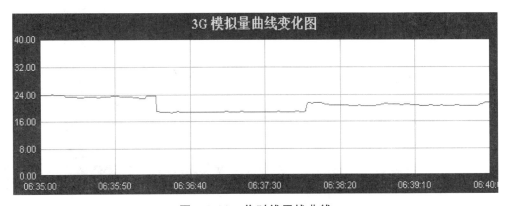

图 5.2.23　临时线干扰曲线

4. 接收器不良曲线

如图 5.2.24 所示，接收器不良时，轨道电路曲线有时可能没有变化，但有时也能够导致轨道电压较大幅度地升高或下降。

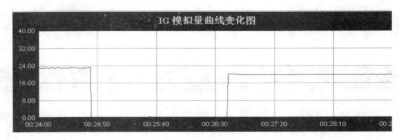

图 5.2.24　接收器不良曲线

5. 轨道电路区段严重漏泄曲线

如图 5.2.25 所示为轨道电路区段严重漏泄而形成的曲线。

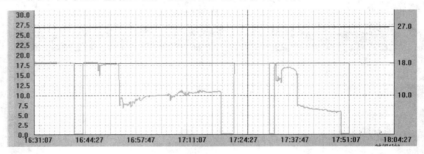

图 5.2.25　轨道电路区段严重漏泄曲线

6. 受端电阻短路的故障曲线

如图 5.2.26 所示，一送双受轨道电路区段，当 DG 轨道受端电阻短路时，造成本区段轨道电压升高，同时 DG1 轨道电压略有下降。

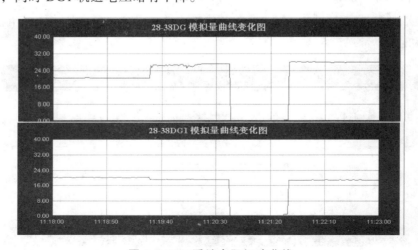

图 5.2.26　受端电阻短路曲线

7. 胶接绝缘不良曲线

胶接绝缘不良，造成相邻两区段电压同时下降，如图 5.2.27 所示。

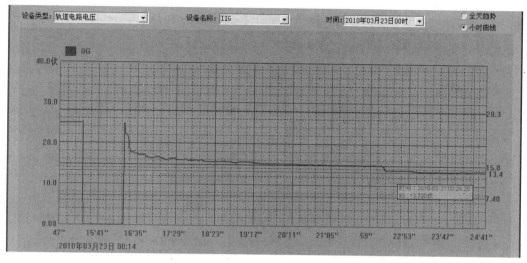

图 5.2.27　胶接绝缘不良曲线

8. 牵引电流干扰曲线

如图 5.2.28 所示为牵引电流干扰曲线，电压瞬间下降。

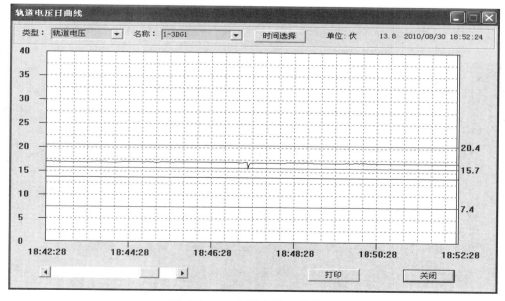

图 5.2.28　牵引电流干扰曲线

9. 送端隔离盒端子封线使用错误曲线

如图 5.2.29 所示，送端隔离盒端子使用错误，造成不规则曲线。

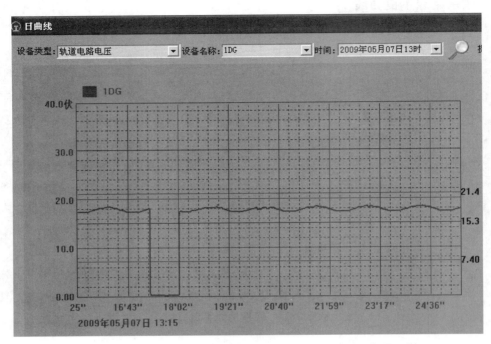

图 5.2.29 隔离盒端子封线使用不对曲线

10．钢轨肥边短路曲线

如图 5.2.30 所示，列车出清 IBG 后，IBG 电压波动，IBG 闪红光带。这是钢轨肥边短路造成的。

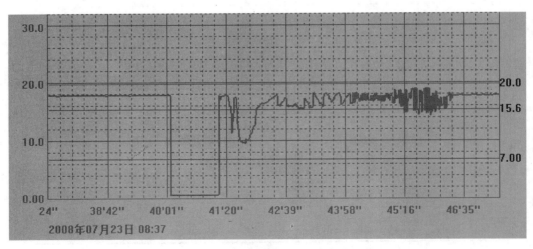

图 5.2.30　钢轨肥边短路曲线

11．室外轨道变压器抽头端虚接曲线

如图 5.2.31 所示为室外轨道变压器抽头端虚接造成的故障曲线。

图 5.2.31　轨道变压器抽头虚接曲线

12. 轨道电压为零曲线

如图 5.2.32 所示为轨道电压为零曲线。在无车情况下，当显示轨道电压为零或很低时，应断开分线盘室外电缆，确定是室内故障还是室外故障。

图 5.2.32　轨道电压为零曲线

五、区间移频自动闭塞曲线分析

① 如图 5.2.33 所示，室外电容塞钉头松动，造成主轨接收电压下降。

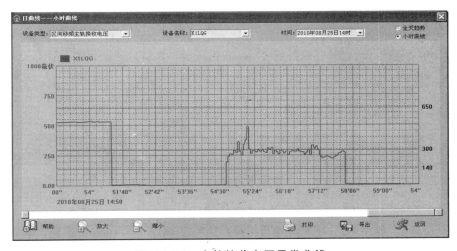

图 5.2.33　主轨接收电压异常曲线

② 如图 5.2.34 和图 5.2.35 所示，因下雨道床电阻变小，漏泄电流变大，区间电压逐渐下降。注意主轨发送电压无变化，电缆侧接收及主轨电压缓慢下降。当电压降至 240 mV 时，为保证区间轨道电路正常使用，需上报、盯控、调整电平级。

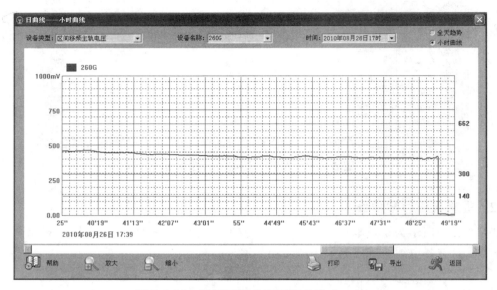

图 5.2.34　泄漏区间电压下降曲线（一）

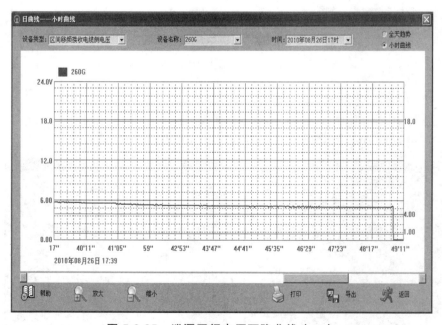

图 5.2.35　泄漏区间电压下降曲线（二）

③ 如图 5.2.36 所示为衰耗器不良曲线。

④ 如图 5.2.37 所示为区间断轨曲线。断轨前电压接触不良，曲线波动；断轨时本区段 ZJS 电压为 0 V，本区段 XJS 电压无变化，室内发送部分电压正常。

⑤ 如图 5.2.38 和图 5.2.39 所示为区间与站内胶接绝缘不良曲线。
车过后同一时间两区段电压下降，更换良好绝缘后，两电压又同一时间恢复正常。

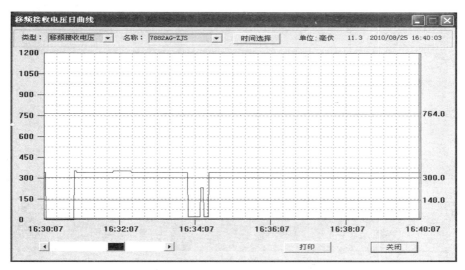

图 5.2.36 衰耗器不良曲线

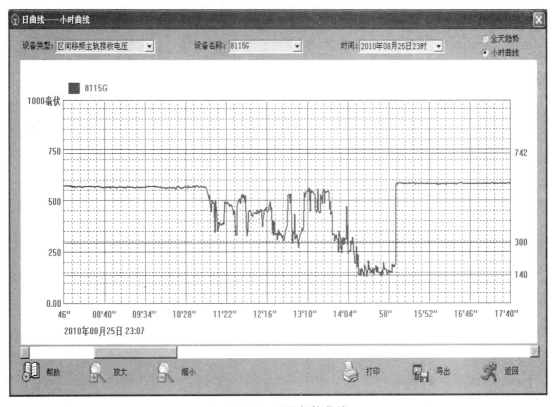

图 5.2.37 区间断轨曲线

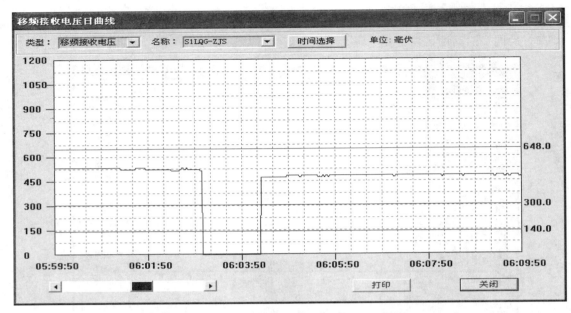

图 5.2.38 区间与站内胶接绝缘不良曲线

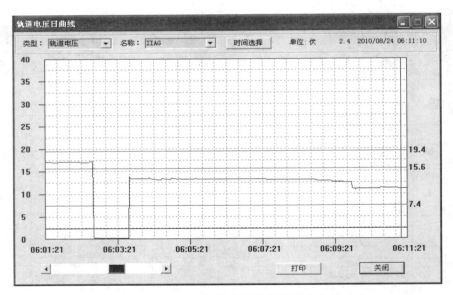

图 5.2.39 区间与站内胶接绝缘不良曲线

六、电源电压曲线分析

1. 外电网断电曲线

电源问题多发生在雷雨季节，外电网突然断电，造成电源保险烧坏、设备烧坏等问题。如图 5.2.40 所示为因雷电造成外电网 Ⅱ 路断电，主副电源转换。

2. 外电网瞬间断电曲线

外电网Ⅰ，Ⅱ路同时瞬间断电，造成 GJZ220V，KZ24V 等电源电压也同时瞬间下降，如图 5.2.41 和图 5.2.42 所示。全站瞬间亮红光带，开放的信号非正常关闭。

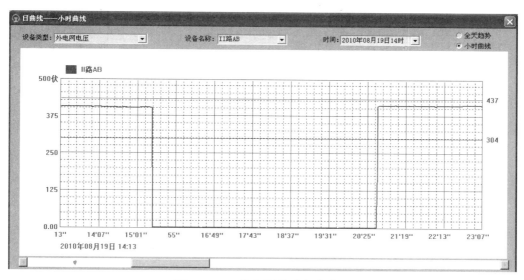

图 5.2.40　外电网Ⅱ路断电曲线

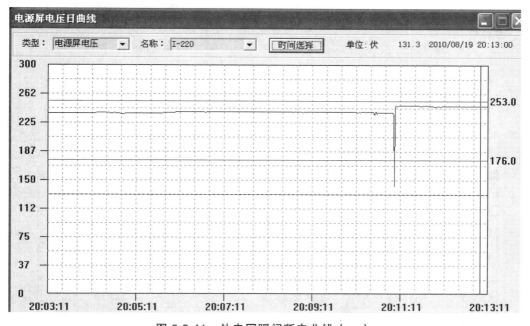

图 5.2.41　外电网瞬间断电曲线（一）

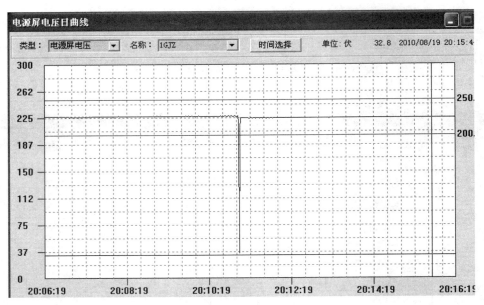

图 5.2.42　外电网瞬间断电曲线（二）

3. 外电网波动曲线

如图 5.2.43 所示，外电网波动造成电源屏输入Ⅰ，Ⅱ路电源频繁转换，对 D1 端子板 3#，4#端子电源线连接处多次冲击而发热，埋下隐患。智能屏 A 屏内 D1 端子板 3#端子配线端接触不良，电流大，发热造成电源线阻燃层烧焦冒烟，进而烧坏相邻的电源线。

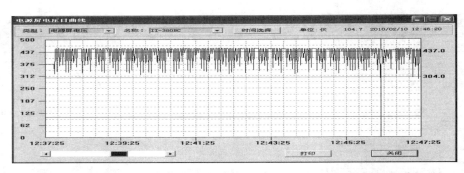

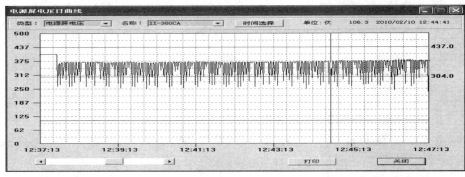

图 5.2.43　外电网波动曲线

4. 电源屏输出电压瞬间波动

Ⅰ，Ⅱ路（外电网）电源正常情况下，电源屏输出电压瞬间波动，如图 5.2.44 所示。电源屏 DZ220，1XJZ220 等输出电压瞬间波动，造成此种现象的原因之一是转换屏内一电容损坏，应及时进行更换，避免可能发生的重大故障。

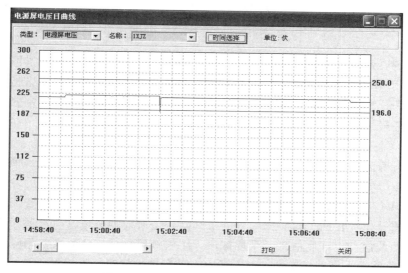

图 5.2.44　电源屏输出电压瞬间波动

七、利用微机监测设备分析处理信号设备疑难故障实例

实例 1：

某站，上行进站、下行出站信号机经常莫明其妙关闭，由于故障发生在瞬间，难以判断故障范围。利用微机监测设备，查询非正常关闭信号报警信息，首先获得上行进站、下行出站信号机非正常关闭信号的时刻，再用微机监测设备提供的"站场回放"功能查询，发现该站 6/8 号道岔多次瞬间失去表示，而且与列车经过有关，因此故障范围缩小到道岔表示单元电路的室外部分。经现场检查，发现该道岔 X1，X2 线在箱合蛇管处磨损，造成断续混线。

实例 2：

某站一组道岔反位操纵不到位，同时出现了故障电流。但是，现场进行单机试验时，转辙机电气特性均达标。通过微机监测模拟量曲线显示功能，再现当时此道岔动作电流和道岔启动电源电压曲线，综合分析得知：此双动道岔为四线制双机牵引，单机试验时故障电流达标，而双机同时出现故障电流时因电缆线路压降增大，导致故障电流减小，从而使得道岔不能密贴。

实例 3：

某站一组道岔不能操纵，通过微机监测道岔动作曲线显示功能，再现当时的道岔动作电流曲线，查明原因是故障电流小。可是，维修工区反映当天进行过道岔检修。查阅当天该组道岔的动作记录，证实计表人未操纵过道岔，也未做任何试验，确认是一起漏检漏修造成的故障。

实例 4：

某站 18 信息有绝缘自动闭塞轨道电路"闪红轨"，闪红时间均是 3～4 s。这曾使某段自闭设备故障率居高不下，无微机监测设备前无法弄清真实情况，也就很难找到闪红的主要原因。通过微机监测的模拟量曲线，观察自动闭塞电子盒功出、滤入电压变化曲线及测试波形，发现了闪红的真正原因是：模拟电缆造成阻抗失配。

实例 5：

某段维修中心检查微机监测报警信息，发现某站有大量控制电源超标报警信息。再使用微机监测远程实时测量功能，测得控制电源电压为 21 V。立即通知信号工区检查，原来是控制电源电容脱焊，控制电源上并联的电池组过量放电，引起控制电源电压过低。信号工立即处理，防止了信号故障的发生。

实例 6：

某站在进行跨越正线长调车时，进路上的咽喉道岔轨道区段不能正常解锁，采取区段人工解锁措施也不能奏效，导致两趟旅客列车分别机外停车和站内正线停车的一般事故，信号工汇报故障原因不明。局中心通过微机监测设备提供的"站场回放"功能查询当时的车站作业情况，发现跨越正线长调车时，车列冒进了区间，是造成咽喉道岔轨道道路不能正常解锁的直接原因。回放信息也证实值班员采取区段人工解锁措施（ZRJD 亮，相应的人工解锁盘按钮按下）。该段技术人员现场查证：用于区段人工解锁的按钮接点接触不良，信号维修人员为推卸检修不良的责任，谎报故障原因不明。

实例 7：

某信号工区，在一次"天窗修"前，用微机监测系统调阅有关设备测试数据，发现大部分信号电缆对地绝缘有为零的记录，便利用"天窗修"机会积极查找设备隐患点，最后查明原因是 1DG 送端变压器箱内电缆中的一芯接地，经轨道电路交流 127 V，220 V 电源造成大部分信号电缆对地绝缘有为零。换上备用芯后，隐患排除。

实例 8：

某站，检查运统 46 电务检修作业登记消记信息发现，25 天内值班员登记轨道电路不解锁达 48 条。经微机监测再现，因闭塞分区占用响应时间超标造成的不解锁 6 次，其余均是车站调车人员和调机作业没有按照 6502 操作办法进行操作导致的不解锁。此后，及时通报运输人员应规范操作。

实例 9：

路局调度所通知："某站进站信号发生故障，造成某次通过列车晚点。"经调用微机监测记录数据进行数据回放，该次列车进入接近区段已十余分钟后值班员才办理通过进路。经调查，通过列车晚点的真正原因是：凌晨值班员、助理值班员均打瞌睡，没有及时办理进路，值班员为推卸责任，谎报"信号开放不了"。可见，微机监测设备有利于分清事故的责任。

实例 10：

一段时间管内道口信号故障率较高，统计所有道口信号发生故障信息，同时根据故障登记的时间再现相邻站微机监测信息，发现大部分人都忽视了的站外调车、电力停电、列车停时过长，轨道车在道口信号接近控制点来回运动等造成道口信号频繁误报警的情况。可见，借助微机监测设备不仅查清了问题，也为路局制定道口信号使用办法提供了有力的依据。

第三节　基于微机监测的嵌入式智能分析系统

目前常用的微机监测系统采集设备相关的开关量及模拟量，并把采集数据用列表或曲线方式显示出来，无法真正满足实时对设备进行故障监控、分析以及处理的要求。基于微机监测的嵌入式智能分析系统依托微机监测采集的各项数据，采用灵活的推理控制策略，应用专家分析的手段，直接定位故障处所，帮助信号工迅速发现故障点，并快速处理。

该系统利用既有监测系统的网络和结构，在其基础上增加了智能分析功能，主要是在站机安装智能分析模块。该模块可嵌入监测系统，也可独立成为子系统。服务器和终端可复用既有监测软件，也可以选择升级软件功能，使调阅方式更优化。

一、系统维修建议报告

系统每日按交接班时刻自动整理归纳前一天的预警及故障诊断内容，并生成"设备运行状态分析及维护建议日报告"如图 5.3.1 所示。该报告为系统维护的入口，用户每日只需查看该报告，通过该报告了解哪些设备有隐患、哪些设备有故障，有针对性地对设备进行维护即可。通过调阅该报告，可取消人工调阅分析监测数据。

图 5.3.1　系统维修建议日报告

该报告同时增加了对当日道岔操纵次数的日统计预警功能，对当日没有操纵过的道岔，将会形成预警报告以提醒电务人员进行操纵试验。同时，该报告增加了交接班管理机制。

二、故障树推理

专家系统的两个基础是"知识的表述方式"和"推理机制"。好的表述方式、高效的推理算法，决定了分析的效果。该系统针对轨道信号设备的特点和需求提炼出了一套"故障知识树"数学模型和相应的"推理机"。该模型中除了包含基本的"故障树描述"外，还包括如"进路表""区间方向"等信号领域的描述方法。

监测站机将源数据送给智能分析子系统，智能分析子系统依托"知识表述故障树"和"推理机"对源数据进行 7×24 小时不间断的分析。系统在运行时会加载该"故障知识树"，"推理机"会不停地分析该"树"，并把数据填入该树中。

当数据特征符合"故障树"的"预警特征"时，系统会立即提示预警。当数据特征符合"故障树"的"故障特征"时，系统能自动捕获该故障，并对该故障进行诊断，自动定位故障的处所。

用户可以用"故障知识树"的描述工具，画出故障树，主要对进路、道岔、轨道区段、电源设备进行相应的故障诊断。当"故障知识"发生变化或有新的设备类型、新的分析逻辑出现时，不需要更新软件，只需要修改或增加相应的故障树即可。这也是该系统可扩展性的一个体现。

下面以 ZPW2000A 区间移频的故障红光带为例说明系统是怎么实现故障推理功能的。

既有监测的站场元素是孤立的，互相没有联系。在该系统中站场元素是互相关联的，可以很方便地找出设备的前后设备、进路前后设备等很多关系。

现以"故障树"中标明的两个路径为例进行说明，如图 5.3.2 所示。

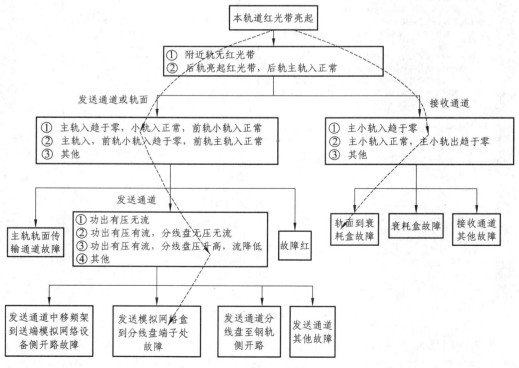

图 5.3.2　故障推理路径

左侧路径是"发送通道的模拟网络到分线盘的故障"。

① 系统在不间断的轮询中，会捕获住区间红光带亮起，进入后续分析。

② 根据"区间表示灯方向码位"和"站场元素关联"找到该区段的前方轨道和后方轨道。前后轨都没有亮红光带，那么可以断定是发送通道或轨面故障。

③ 本轨的主轨趋于 0，前方轨的小轨也趋于 0，则确认是发送通道的故障。

④ 从发送通道部分分析，当功出时有电压有电流，分线盘无电压无电流，则确认是发送模拟网络盒到分线盘端子处故障。

右侧路径是"轨面到衰耗盒故障"。系统同样是从捕获红光带开始。

① 找到后轨同时亮红光带，两个轨道同时亮，则确认是本轨的接收通道有问题。

② 从接收通道分析，主轨和小轨入都没电压，则确认是轨面到衰耗之间的故障。

三、基于异常波形的数据模型

本系统除按故障推理模型分析获得故障和预警外，通过对日曲线和道岔曲线的研究，建立了基于异常波形分析的数据模型。例如，日曲线出现突变、波动报出预警，对道岔曲线分析，指出道岔可能的问题。

系统根据预警的发生频率将预警分为 4 个等级，以提醒用户按紧急性和严重性处理相应预警。

系统主要对道岔、轨道区段、电源设备进行相应的异常波形分析。对日曲线分析的算法，包括突变、波动等。对特定曲线（如道岔曲线）的分析算法，包括启动、动作、锁闭阶段波形分析。

四、故障处所动态展示

系统在定位到设备故障时刻，能调用动画展示模块，以更直观生动的方式展示故障处所，以方便用户快速处理故障。

五、按设备组织界面

既有微机监测对于各类模拟量的查看方式是基于单一的模拟量，同时基于时间。这种方式有其局限性，不适用于设备情况的整体查看以及关联查看。因此，在基于微机监测的嵌入式智能分析系统中对这种方式进行了有益的扩展。

该系统的实时值、曲线等查看方式是针对单个设备，将所有分散采集的模拟量关联在一起呈现出来，并将其开关量也以日曲线方式体现。这样的优点是可以完整地了解该设备的整体运行情况，同时当故障发生时，可以在一个显示界面中查看需要查看的所有和故障相关的模拟量及开关量变化情况。这样无疑使故障曲线分析更简便。这种方式对按时间查看及按事件查看都适用。

六、设备电气特性报表统计分析

智能分析系统增加了对该类表格的电子化功能，系统在每个规定的测试时刻（如每日测试）从微机监测中获取有效监测数据填入该表，自动生成该表格。其中需要用户手动添加的项目预留为可填写，由用户修改填入，并存储在计算机中。

终端也可实时地调阅该表格。该功能减轻了现场人员的大部分工作量，并使表格的存储更可靠。此外，在终端上实现查阅，使得调阅更方便快捷。

七、设备管理

智能分析系统实现了对全站设备的管理功能。主要包含两方面的内容：

① 将车站信号设备的全站类图纸（如双轨图、车站平面图等）和各类设备的图纸（如系统原理图、采集原理图等）集成到监测系统中。通过这种方式将有效压缩故障处理时间及电务人员查看图纸的时间。

② 将车站单个信号设备的各项属性及信息集成到监测系统中。通过这种方式将使车站的信号设备信息更加全面，进一步扩展了故障分析的信息化。

当信号设备发生故障时，在观看故障回放的同时可以关联到故障设备的管理界面，实现了故障设备的进一步细化分析。

八、诊断自学习功能

采用数据搜索原理，系统实现了自学习、自升级功能，主要包括：故障原因自学习功能、故障案例自学习功能。

系统会记录每次故障以及用户对该故障的维修处理情况，并存入历史案例库。

当故障再次发生时，系统会从以往发生过的故障中自学习，从中匹配到与本次故障相似的项目，以及历史相似项目中每项发生的次数等信息，以列表方式展示给用户，作为此次故障处理分析的参考和依据。

系统具有提示人工补充案例库的功能，当用户查阅日曲线和道岔曲线时，如果发现某段曲线存在问题，可把该段曲线导入故障库，并填入故障说明，作为今后故障分析的依据。

第四节　信号集中监测系统的管理

监测系统的站机和段监视机应不间断运行（显示器在不需要时可以关机或处于屏保状态）。监测系统开通使用后，微机监测系统已完成的测试项目，不再进行人工测试，尚未纳入监测的测试项目仍需进行人工测试。当监测系统发生故障时，立即恢复人工测试。

信号集中监测系统的管理职责应明确，一般管理机构分为电务处、电务段和现场三级。

电务处检测所负责对信号集中监测系统维修管理工作的检查指导。电务段信号试验室负责信号集中监测系统的数据管理和分析。微机监测系统的各种数据保存期为 2 年。电务段信号试验室应建立"信号集中监测设备管理台账"。电务段 TDCS 工区可同时负责车站、电务段信号集中监测设备的维护。

下面以某电务段监测系统管理办法为例介绍信号集中监测系统的管理。

一、信号工区职责

（一）信号集中监测系统浏览查询周期

① 50 组及以上道岔、有人值守车站：每日查询 2 次，第一次查询时间为 6:00～10:00，第二次查询时间为 17:00～20:00。

② 50 组以下道岔、有人值守车站（含中继点）：每日查询 2 次，第一次查询时间为 6:00～9:00，第二次查询时间为 17:00～19:00；如有天窗（含工务、供电），在天窗修结束前再查询一次。

③ 高铁信号工区每日查询不得少于 2 次，10:00 点以前完成第 1 次查询，20:00 点以前完成第 2 次查询。

（二）信号集中监测系统设备巡视和查看监测项目

① 查询一、二、三级报警信息。

② 对外电网、电源屏测试、轨道电压、轨道相角、道岔表示电压、灯丝回路电流及移频测试的实时值进行浏览。

③ 对各种日报表进行查询，通过日报表中提供的异常测试值，回放该时刻测试项目日曲线。

④ 每日查询站内、区间轨道电路等设备曲线，浏览道岔电流动作曲线。

⑤ 查询通信状态图，掌握接口设备、监测采集单元、站内系统间等通信状态，发现异常立即处理，处理不了立即上报本车间。

⑥ 检查站机及监测设备工作情况，观察采集机或采集单元各种指示灯表示是否正常。

⑦ 查看智能系统接口监测设备状态，掌握列控中心、CTC、微机联锁、移频柜等设备正常工作状态。

⑧ 查看具有智能分析车站的智能分析维护建议报告或智能分析故障诊断及预警。

（三）人工启动测试项目

① 电缆绝缘测试：每月一次，雨季加测，对电缆绝缘发生变化的每周测试一次。当绝缘电阻阻值发生 30% 的变化时要进行分析查找。

② 电源接地漏流测试：大站每日测试一次，小站每周一次。测试时机：利用天窗修或列车运行间隔时间。测试时不能同时用万用表或测试盘进行电源接地测试。

（四）有关监测系统作业内容及要求

① 具有作业监督功能车站监测，工区在作业前进行作业监督设置，在作业（天窗修）内发生的报警可以不记录，不分析。

② 工区查询报警信息发现异常，及时在"信号电子设备综合记录簿"内附件 5-2 登记，并跟踪解决销号，具备监测语音报警工区，报警音箱 24 小时正常工作，不得以任何理由关闭或将音量调小至听不见，必须保证报警语音工作正常。

③ 工区查询发现问题时，要形成记录并及时查找原因，24 小时内查找不到原因时要及时上报车间组织查找。

④ 工区负责微机监测日常维护，巡检微机监测设备，发现监测设备故障要及时处理。工区工长负责对异常电压、电流曲线进行打印，积累资料。

⑤ 负责监测设备状态信息核对，并根据微机监测测试月曲线或年曲线，同时参考上下限设定标准设定监测模拟量上下限。上下限设定范围要在测试标准之内，由工长负责。对于处在临界值的电气特性超限报警，当将设备调整到极限仍不能使特性值落在标准内，与试验室共同确认设备工作稳定，可以适当修改上下限报警门限，并上报试验室。监测校核每年 2 次（定于 3 月末、8 月末前完成），校核记录填写齐全。

⑥ 严禁在监测系统中使用与监测工作无关的软件和做与监测无关的工作，严禁连接互连网或监测系统以外的网络，严禁使用 U 盘，以防止病毒侵入。

⑦ 工区（含非工区）有人值守站，在"信号电子设备综合记录簿"填写该站（含工区管辖无人值守站）的中"各种设备查询存在问题、原因、处理记录""各种设备巡查报警信息记录""各种设备查询问题库""雷电计数器和防雷器件巡查记录"。

⑧ 工区工长每半月对管内进行全覆盖检查并记录，并结合每日值班人员发现的问题进行分析；2 日内处理不了的上报车间，车间 2 日内解决不了上报试验室。同时工长每月将浏览发现的问题上报车间主管专职，车间将管内工区发现和解决的问题以电子版的形式上报试验室。

⑨ 无人值守站，工区值班信号工远程登录站机查询后及时退出，严禁浏览后长期登录，以免影响通道数据传输。

二、信号车间职责

（一）每日浏览查询的信息

车间每日必须由值班专职通过终端对所分片包保的站进行浏览查询。

① 值班当日查询一次报警信息；填写"各种设备巡查报警信息记录"。

② 值班当日查询一次各种日报表，数据波动超分析时限或变红色时查询相应设备曲线，对于具有智能分析功能的系统，查看维修建议报告，对报告中提示的异常信息设备要查询相应曲线。

③ 值班当日查询一次所有站正线上道岔（含关联道岔）动作曲线。

④ 码值班当日查询一次漏泄区段电压曲线。

⑤ 值班当日查询一次各站异物侵限报警继电器电压曲线、各站设备工作状态。

⑥ 每月查询一次电缆绝缘报表、电源接地报表、轨道分路残压报表。

⑦ 每月查询一次轨道月趋势曲线，分析和跟踪分路残压变化。

（二）有关监测系统作业内容及要求

① 人工测试和微机监测查询发现的问题，查找2日找不到原因的隐患问题，上报调度指挥中心和试验室。

② 负责建立信号集中监测台账，包括备件台账。

③ 负责微机监测设备异常及故障处理。

④ 填写"信号电子设备综合记录簿"中的"各种设备查询存在问题、原因、处理记录""各种设备巡查报警信息记录""各种设备查询问题库"。

⑤ 车间技术专职每月检查1次管内微机监测各站机的运用状况，并在各站"各种设备查询存在问题、原因、处理记录"上签字。

⑥ 车间每月18日形成分析总结报告，上报试验室和信息分析工区。

三、信息中心职责

（一）信息查询周期及项目

① 每日查询一次主管片区内各种日报表，数据波动超分析时限或变红色时查询相应设备曲线；对于具有智能分析功能的系统，查看维修建议报告，对报告中提示的异常信息设备要查询相应曲线。

② 每日查询一次一、二、三级报警信息。

③ 每日查询一次道岔动作曲线。

④ 每日查询一次漏泄区段电压曲线。

⑤ 每日查询一次异物侵限报警继电器电压曲线、各站设备工作状态。

⑥ 每周至少查询一次电源、轨道、信号灯丝、道岔表示、移频、电码化曲线。

⑦ 每月查看一次报警信息当月汇总表、电缆绝缘报表、分路残压报表。

⑧ 每月查看一次轨道月趋势曲线，分析和跟踪分路残压变化。

⑨ 每半年核对一次微机监测站场开关量显示信息。

（二）有关监测系统作业内容及要求

① 负责微机监测数据分析管理，及时分析监测数据和报警信息，跟踪报警信息处理情况，检查和指导车间、工区的微机监测数据分析工作以及各站道岔扳动试验情况。

② 负责对管内有微机监测站的设备进行循环覆盖监测分析；重点施工开通后，对使用设备进行24小时信息跟踪查询。

③ 负责对每日查询的信息进行归纳整理，形成日概况，交工长汇总；发现可引发故障（事

故）的重要异常信息，即刻报调度指挥中心，并跟踪问题处理结果。

④ 负责跟踪倾向性问题的整改，对未解决问题信息，纳入问题闭环管理，每周形成跟踪记录直至销号。

⑤ 每周对分析情况进行总结，梳理出倾向性问题，提出整改措施。

⑥ 负责协助应急故障处理的分析判断，遇有军专特运和重点列车，要提前进行相关进路站的微机监测浏览查询。

⑦ 分析中心每天要有查询问题及处理结果的信息记录，每周要有典型问题周分析小结，每月要对微机查询问题进行分析总结（含倾向性问题、典型问题及图片）。月分析总结报信号科、电务检测所及电务段试验室。

⑧ 填写"日常浏览分析记录表""问题整改通知单""各种设备查询问题库"。

要求查询问题应及时通知现场工区，电话通知后问题处理时限不得超过 5 天，5 天后未整改下发问题整改通知，并在问题反馈栏内填写通知单的日期和编号。

电话通知后 5 天未整改，下发问题整改通知，调度指挥中心通知的问题统一按车间编号，并装订成册；通知单下发 10 天后整改不了问题，列入问题库跟踪，并在问题反馈栏内填写列入问题库日期和问题库的问题编号。

试验室处理不了的问题，填写问题库记录；由信息分析工区、现场车间、工区共同确认后，填写信息分析工区、现场车间、工区的各种设备查询问题库，并保持一致。

四、试验室职责

① 负责全段微机监测管理工作，贯彻执行段和上级的有关微机监测各项规章制度和技术标准、检修维护标准，并负责对现场人员进行培训。

② 负责组织微机监测设备的应急抢险和故障处理工作，对发生的安全问题进行分析，制订防范措施，从中吸取教训。

③ 每月对监测管理情况、监测设备运用情况、质量情况进行全面分析，针对存在的问题制订防范措施和整改措施。

④ 检查微机监测设备状态信息的准确性，检查信号车间、工区及信息分析工区微机监测设备的使用、管理及浏览分析情况。

⑤ 对于微机监测系统发出的报警信息，现场车间未解决的，试验室要组织查明原因，及时处理。

⑥ 组织建立微机监测设备台账，定期检查维护、保管和使用情况；根据设备检修周期，制订维护、检修计划，明确天窗修内外作业项目。

⑦ 完成大修工程和中修工程验交前的电气特性微机测试标调及验收。

⑧ 每月到信息分析工区检查、指导一次监测查询、分析管理工作。

⑨ 每年由试验室组织现场对监测数据的准确度进行二次校核，并按校核要求认真填写记录。

⑩ "信号电子设备综合记录簿"的中"各种设备查询问题库"是试验室处理不了的问题，填写问题库记录；由信息分析工区、现场车间、工区共同确认后，填写信息分析工区、现场车间、工区的各种设备查询问题库，并保持一致。

五、信号集中监测系统上下限设置标准

信号设备电气特性上下限在监测系统中的设置根据各电务段的实际要求而定，各电务段根据段管内实际设备情况设置。现在以某电务段的设置标准为例进行介绍。

（一）各种电源报警上下限设置

1. 车站电源屏

引入 380 V 电源：下限为 304 V，上限为 437 V；

引入 220 V 电源：下限为 176 V，上限为 253 V；

经调压后 380V 电源：下限为 365 V，上限为 395 V；

信号电源：下限为 200 V，上限为 220 V；

轨道电源：下限为 200 V，上限为 220 V；

道岔表示电源：下限为 200 V，上限为 220 V；

转辙机直流电源：下限为 210 V，上限为 250 V；

继电器直流电源：带稳压的下限为 23 V，上限为 25 V，不带稳压的下限为 22 V，上限为 26 V；

交流 24 V 电源：下限为 21 V，上限为 27 V。

2. 25 Hz 电源屏

轨道输出电源：下限为 210 V，上限为 230 V；

局部输出电源：下限为 105 V，上限为 115 V。

3. 区间电源屏

引入 380 V 电源：下限为 304 V，上限为 437 V；

引入 220 V 电源：下限为 176 V，上限为 253 V；

信号点灯电源输出电压：下限为 210 V，上限为 230 V；

区间轨道、站内电码化电源：下限为 23.5 V，上限为 27.5 V。

4. 交流提速电源屏

无稳压 380 V 引入电源：下限为 304 V，上限为 437 V；

有稳压 380 V 电源：下限为 365 V，上限为 437 V。

5. 智能电源屏

引入 380 V 电源：下限为 304 V，上限为 437 V；

引入 220 V 电源：下限为 176 V，上限为 253 V；

直流转辙机电源：下限为 210 V，上限为 250 V；

继电器电源：下限为 23.5 V，上限为 27.5 V；

信号机点灯电源：下限为 210 V，上限为 230 V；

道岔表示电源：下限为 210 V，上限为 230 V；

区间轨道、闭环检测、区间控制电源、电码化电源：下限为 23.5 V，上限为 27.5 V；

轨道电源（50 Hz 轨道用)：下限为 210 V，上限为 230 V；

25 Hz 轨道电源：轨道输出电源下限为 210 V，上限为 230 V，局部输出电源下限为 105 V，上限为 115 V。

稳压备用电源：下限为 210 V，上限为 230 V；

动态电源：下限为 210 V，上限为 230 V；

计算机联锁电源：下限为 210 V，上限为 230 V。

（二）25 Hz 轨道电路电压报警上下限及分路残压设置

可根据实际电压设定，下限控制在 18 V,上限控制在实际值加 2 V。

1. 旧型（JRJC-66/345）

道岔和无岔区段调整范围：20～24 V；

800～1 000 m 到发线调整范围：20～25 V；

1 000 m 以上到发线调整范围：25～30 V；

下限值允许设置：18 V；

分路残压设置：不大于 7V。

2. 97 型与电子型

道岔和无岔区段调整范围：18～22 V；

800～900 m 到发线调整范围：18～24 V；

900～1 000 m 到发线调整范围：19～25 V；

1 000 m 以上到发线调整范围 23～26 V；

下限值允许设置：18 V；

分路残压设置：97 型不大于 7.4 V，电子型不大于 10 V。

（三）JZXC-480 轨道电路电压报警上下限及分路残压设置

可根据实际电压设定，下限控制在 10.5 V，上限控制在实际值加 2V。

股道：交流 10.5～18 V；

道岔区段：交流 10.5～16 V；

接近区段：交流 10.5～22 V；

分路残压设置：不大于 2.7 V。

（四）区间 2000A/K 轨道电压报警上下限及分路残压设置

发送电压：　实际电压 ±5 V；

ZPW-2000A 分路残压：≤140 mV；

ZPW-2000K 分路残压：≤153 mV；

主轨入电压：900～2 500 mV；

小轨入电压：100～250 mV；

轨出 1 电压：450～900 mV(普速)，360～460 mV（客专）；

轨出 2 电压：150～170 mV(普速)，100～160 mV（客专）；

模拟电缆出：实际电压 ±5 V；

模拟电缆入：0～20 V；

发送器功出电流：0～500 mA；

载频频率：载频 ±1 Hz

（五）电源漏流与电缆绝缘测试标准(工区不设定)

电源漏流：15 组以上大站交流不大于 100 mA，直流漏流为 0 mA；15 组及以下小站交流不大于 50 mA，直流漏流为 0 mA。

电缆绝缘：大站不小于 0.75 MΩ，小站、区间、道口不小于 1 MΩ。

复习思考题

1. 站机软件分为哪两部分？每部分功能是什么？

2. 怎样修改模拟量上下限值？

3. 怎样校正模拟量系数？

4. 软件出错的一般处理方法是什么？

5. 直流道岔动作电流曲线不平滑的原因有哪些？

6. 一送双受轨道电路区段，当 DG 轨道受端电阻短路时，轨道电压曲线会出现什么现象？

7. 外电网Ⅰ，Ⅱ路同时瞬间断电可能造成的后果是什么？

8. 计算机联锁车站站场显示不实时变化，模拟量实时值正常，应如何处理？

9. 微机监测浏览时发现某一区段轨道电压曲线图波动，应如何处理？

10. 微机监测浏览周期是如何规定的？

11. 工区每日浏览微机监测重点浏览哪些项目？

12. 基于微机监测的嵌入式智能分析系统有什么功能？

13. 信号试验室对监测系统的管理职责有哪些？

参考资料

[1] 铁运〔2008〕142 号 《铁路信号维护规则》(修订版).
[2] 运基信号〔2006〕317 号 《信号微机监测系统技术条件》(暂行).
[3] 运基信号〔2010〕709 号 《铁路信号集中监测系统技术条件》.
[4] 运基信号〔2011〕377 号 《铁路信号集中监测系统安全要求》.
[5] 信号微机监测系统TJWX-2006-Ka(iMS)站机用户操作手册.
[6] 河南蓝信科技有限公司. 有源应答器监测装置系统简介 BME(V1.0).
[7] 北京铁路信号工厂科技开发中心. 2000A 微机监测与辅助维修系统简介.